JN064374

テーマパーク事業論

プロデューサーの仕事内容

中島 恵 著

三恵社

はじめに

　テーマパークにおいてプロデューサーは人気職業である。憧れて、目指して、やっとなれる職業である。

　しかし、なり方が分からない。どうやったらなれるのか。なった後どのような仕事をしているのか。どういう人がなるのか。どういう人ならばなれるのか。どのような人に適正があるのか。プロデューサーとは華々しいイメージの職業である。しかしその実態は謎のベールに包まれている。

　そこで本書では、<u>テーマパーク事業におけるプロデューサーの仕事内容の解明を試みる</u>。

　<u>研究方法</u>は複数のプロデューサーへのインタビュー調査と文献研究である。文献とは、書籍、白書、ビジネス雑誌、新聞、Web 上の記事等である。

　本書は各章完結型である。拙著は特定のテーマパークについて知りたい人が、ある一章だけを読んでいると聞いたため、各章完結型にし、その章だけを読んでも理解できるようにした。

　<u>本書の構成</u>は、序章でプロデューサーの仕事内容を定義し、アメリカのテーマパーク業界初のプロデューサー、ウォルト・ディズニー、日本の遊園地業界初のプロデューサー、小林一三氏の大まかな功績を示す。

　第 1 章で三鷹の森ジブリ美術館と宮崎駿監督の仕事内容を、第 2 章で USJ 快進撃の立役者、イベントプロデューサー津野庄一郎氏の仕事内容を、第 3 章で別府市の「湯〜園地」での長野市長の仕事内容を、第 4 章で「湯〜園地」の動画プロデューサーで総合演出、清川進也氏の仕事内容を、第 5 章でお化け屋敷プロデューサー、五味弘文氏のお化け屋敷制作を、第 6 章でホラーアトラクション・プロデューサー、マイケルティー・ヤマグチ氏のお化け屋敷制作を、第 7 章でディズニーのキャラクター出演者の労働問題を受けて、プロデューサーにとってのキャラクター労働と運営方法を、第 8 章で新横浜ラーメン博物館の岩岡洋志社長の仕事内容を、第 9 章でナムコのフードテーマ

パーク・プロデュース事業を、第 10 章でホンダのレジャー事業、鈴鹿サーキットと多摩テックを考察する。

テーマパークと遊園地の定義

　ここでテーマパークと遊園地の違いを定義する。テーマパークとはテーマがあるレジャー施設、遊園地とはテーマが無く乗り物を集めたレジャー施設である。これがこれまで一般的な定義であった。

　しかし本書では、昭和の名称が遊園地、平成以降の名称がテーマパークと定義する。平成以降、テーマパークという言葉の方が多く使われるようになったと感じる。それは東京ディズニーリゾート（TDR）の影響だろう。筆者は中身についてはテーマパークと遊園地に差をつけて考えていない。名称のみの違いである。

　例えば「食のテーマパーク」と自称するか、報道されているものの、実際はレストラン街やフードコートにエンターテイメント性が付加されたものがある。このエンターテイメント性をどこまで充実させるかは業者により異なる。「花のテーマパーク」や「農業体験テーマパーク」も同様である。従来型のレストラン街やフードコート、植物園、農業体験では集客力に欠けるため、話題性ある取り組みが必要である。これが重要な差別化となる。

　本書では、テーマパークと遊園地を区別せず、両者合わせてテーマパークと表記する。その 2 つ目の理由は、できるだけ文字数少なく表記する必要があるからである。毎回「テーマパーク・遊園地」と表記すると長く、文字数を消費する。論文や本ではできるだけ短く分かりやすく表記することが望ましい。

　また、遊園地としてスタートし、後にテーマのあるエリアを追加するケースもある。例えば、富士急ハイランドは 1961（昭和 36）年に遊園地としてスタートした。この時点で日本にテーマパークという言葉は無かった。富士急ハイランドは 1998 年に機関車トーマスをテーマにした「トーマスランド」

を、2013年に「リサとガスパール」をテーマにした「リサとガスパールタウン」を導入した。つまり部分的にテーマを定めたエリアを導入し拡張したのである。このように拡張で遊園地にテーマエリアが追加されるケースもある。そのためテーマパークと遊園地を分ける必要は無いと考えられる。

　ただし、当時の言い方で遊園地と言う方が適している場合は遊園地と表記する。固有名詞で「○○遊園地」の場合も遊園地と表記する。

表1：遊園地とテーマパークの定義

	簡潔な定義	中島の定義
遊園地	テーマが無い	昭和の名称
テーマパーク	テーマが有る	平成以降の名称

「テーマパークを作りたい」「アトラクションを作りたい」「ショー・パレードを作りたい」「テーマパークの季節イベントを企画したい」、そしてそれを仕事にしたいという夢を持つ人と私は何人も出会った。

　このような仕事をする人をプロデューサーと言う。会社によって異なるが、このような仕事をする人を本書でプロデューサーと定義する（詳細は第1章）。

　会社によるが、プロデューサーという職位や肩書を使っていない人も多い。プロデューサーは資格職ではない。仕事内容は会社ごと、業界ごとに異なる。

　時代によっても異なる。まだプロデューサーという英語が日本に導入されていなかった時代には、異なる肩書を使っていた人も多い。恐らくプロデューサーという名前が日本で定着したのは1990年以降だろう。1980年代までは、その名前は一般的ではなかったと思われる。

　私がプロデューサーにインタビュー調査する理由の一つは、テーマパーク制作、運営などで上位のポジションにいる人にどのように仕事をしているか取材し、解明する必要を感じたからである。私は2013年にテーマパークを新設したい企業から初めて相談を受けた。この時から私はテーマパークを傍

観して論文や本を書く研究者ではなくなった。テーマパーク事業についてアドバイスを求められるようになり、私は変わった。さらにこの頃から、マスコミから取材を受けるようになり、テーマパーク経営により詳しい必要に迫られた。各テーマパークの現場のアルバイトから実態をお聞きすることは充分勉強になり、貴重な情報である。さらに、組織の上位にいる人に組織全体を動かす仕事についてお聞きすることは、テーマパーク事業全体を知るために重要である。

　私がテーマパーク経営の研究を始めたのは 2004 年、早 16 年が経った。当時、私は修士論文を書こうと悪戦苦闘しながら研究に励んでいた。研究能力が上がってくる前の研究者は多大な苦労をする。耐えられなくて諦める人も多い。

　経営学では自動車、電機、鉄鋼などを中心に製造業の研究が盛んに行われてきた。その中でテーマパーク、特にディズニーの研究をすることは異例かつ異常かつ亜流であった。私はどこに行っても「亜流だね」「邪道だね」「それじゃ研究者になれないよ」と言われ大変苦労した。

　しかしそう言っていたのは、当時 60 歳以上の人とその影響の強い人であった。50 代以下の人は「この研究はとても面白いので自信を持ってほしい」「是非ものにして下さい」と言ってくれた。私は一部の支援者の温かいお言葉を胸にテーマパーク研究に励んできた。

　私はこのたび、ある大学の経営学部の公共経営学科で観光事業論を担当することになったため、本書を教科書として執筆している。経営学部の授業なので経営学的に観光事業論を教え、なおかつ公共経営学科なので地域振興、地域活性化の視点でも教えて欲しいと学科長から依頼された。公共経営学科では、観光事業による地域振興、地域活性化について学ぶという。

　まさかこんな時代が来るとは思わなかった。「亜流で邪道な研究をしているできの悪い院生」「研究者になれないから他のことを研究しなさいといく

ら言っても聞かない院生」、それが私だった。「王道かつ正統派」な研究テーマには、研究に耐えうるほどの興味も情熱も持てなかった私は、博士課程の時に「王道かつ正統派」の研究者になることをあきらめた。そして私は面の皮を厚くし、誰に何を言われても頑なにテーマパーク研究に励んだ。良く言うと、私の意志は強かった。

2011年に大阪観光大学の観光学部の専任講師になってからは、テーマパークを研究することは亜流でも邪道でもなくなり、非常にやりやすくなった。

でも本当は「王道かつ正統派」として成功した人が羨ましい。

実は私は子供の頃からクラシック音楽ファンで、今でもカール・リヒター他、王道かつ正統派の音楽家の演奏を聞くのが好きである。私は4歳で母にヤマハ音楽教室に入れられた。小学校高学年は金管バンドクラブでトランペットに夢中になって情熱を注ぎ、練習に明け暮れた。小学校の頃、将来オーケストラに入って世界中をコンサートで回る演奏家になりたかった。しかしそんなレベルになれず諦めた。

私はバッハやヘンデルなどバロック音楽が特に好きである。彼ら「王道かつ正統派」の音楽家が作曲した「ブランデンブルク協奏曲（Brandenburgische Konzerte）」や「音楽の捧げもの（Musikalisches Opfer）」や「水上の音楽（Wassermusik）」が特に好きである。これらを演奏するカール・リヒターを見ると「これぞ王道かつ正統派の演奏家」と思う。非常に羨ましい。私にとって、カール・リヒターが奏でるチェンバロの音色が世界で一番好きな音である。

なぜこの話題を出すのかというと、私は今それを聞きながら本書を書いているからである。私は本や論文を書きながら彼らの曲を聞く。私も「王道かつ正統派」の研究者になりたかった。

ただし「王道かつ正統派」の道は甘くない。「王道かつ正統派」を目指す人のほとんどがなれずに終わる。音楽家でいうバッハ、ヘンデル、モーツァルト、ベートーベン、カール・リヒター、カラヤンを目指してもほとんどの人はなれない。

　以前、広島で観光情報学会があった際、仲の良い先生二人と話し合い、結論に達したことがある。それは、各分野で有名な研究者になることは普通不可能である。それを目指すより、研究分野を細分化してその中で有名な研究者になることを目指すべきである。その二人の先生の専門分野は自然言語処理といって、情報工学の一分野である。旅行者にウェブ上で発信される観光情報を研究されている。自然言語処理で有名な研究者になることは、経営学で有名な研究者になることと同じくらい難しいと言う。それを目指してもほぼ不可能なので、細分化してその分野でならば、検索したらたくさん出てくる人材を目指す。この方が現実的である。

　本書を読む人に伝えたいことがある。それは、終身雇用が崩れた今、会社に従順に従って一生懸命働くことで定年までの生活費が保証される日本型雇用システムは当てにならないと言うことである。若い世代ほど当てにならない。何か専門性を持ち、その分野で生計を立てられるようになりたい。その際、各界のトップクラスの人材になろうとするより、細分化して上位の腕前の人材になることが重要である。できれば2〜3種類の専門性を持ち、掛け合わせることで高値で売れる人材になるだろう。

　本書に出てくるプロデューサーたちは皆、一種類の能力で勝負しているわけではない。長期間の人間関係を築いたことで営業しないのに仕事依頼が来るようになっている。人脈戦で仕事を得ている。人脈とは知り合いではない。仕事に有利なように斡旋してくれる人が人脈である。一方的に利用されただけならば、人脈ではない。人を大事にすることが未来の仕事依頼につながる。また英語力などを鍛えて外国人と通訳なしで会話できるようにしている人も

いる。プロデューサーは技術者であり、管理職であり、経営者でもある。美術的な能力もセンスも高い。人によるが、資金調達力もある。本書には世襲の人は出てこない。全員、自分が初代として新規開拓したのである。親や祖父のコネではなく、本人の実力で勝負している。

謝辞

本書を書くにあたり、インタビューに応じてくださった皆様、本当にありがとうございました。心から御礼申し上げます。皆様のおかげで謎のベールに包まれていたことの一部が分かりました。これからもテーマパーク業界の発展と皆様のご活躍をご祈念いたします。

お写真を提供して下さったプロデューサーのみ、各章の最初に顔写真を掲載しています。

<目次>

8

序章　プロデューサーの仕事内容

１．本書の目的と研究方法

　本書の目的は、テーマパーク事業におけるプロデューサーの仕事内容の解明を試みることである。プロデューサーの仕事内容は謎のベールに包まれている。研究方法は複数のプロデューサーへのインタビュー調査と文献研究である。文献とは、書籍、白書、ビジネス雑誌、新聞、Web 上の記事等である。

２．プロデューサーとは何か

　プロデューサーには統一された明確な定義は無い。プロデューサーとは、企画立案、資金調達、人材獲得、人材育成、人事管理、予算配分、制作指揮、広告、広報、営業を行う人である。大規模な事業ほど複数のプロデューサーがいることが多い。

　プロデューサーと**ディレクター**の区別がつかないと言う人が多い。プロデューサーが上司、その部下がディレクターである。ディレクターが出世してプロデューサーになる。ディレクターは、プロデューサーの指示で制作現場で具体的な仕事をする人である。ディレクターの方が数が多い。制作現場にいるディレクターの仕事の方が楽しいと言う人が多い。プロデューサーは制作現場にほぼいない管理職である。

　業界によって、企業によって、プロデューサーの仕事内容は多少異なる。そこで本書では次のように定義する。

　プロデューサーとは、企画立案、資金調達、人材獲得、人材育成、人事管理、予算配分、制作指揮、広告、広報、営業の全てまたは一部を担う人である。プロデューサーとは**総責任者**であり、トップに立つ人である。

　必ずしもプロデューサーという職位、肩書ではない。社長、○○部長、○○課長、○○プロジェクトリーダーなどの肩書のケースもある。

プロデューサーは一案件につき**複数名**いることもある。業界ごと、会社ごと異なる。例えば、ゼネラル・プロデューサー、エグゼクティブ・プロデューサー、チーフ・プロデューサーなどである。

　プロデューサーは一般的に、**過去の実績に対して次の仕事の予算額や規模が決まる**。ジャンルは違うが、音楽プロデューサーの小室哲哉氏は「売れたら次の作品で色々な意見が通りやすくなる」「予算額が上がる」とテレビで言っていた。実績の無い人がプロデューサーになりたくても予算をほとんど獲得できない。大ヒット映画「カメラを止めるな（2017年）」は制作費300万円であった。

＜プロデューサーの定義＞

- 企画立案、資金調達、人材獲得、人材育成、人事管理、予算配分、制作指揮、広告、広報、営業の全てまたは一部を担う人
- 総責任者
- 他の肩書：社長、部長、プロジェクトリーダー等

＜プロデューサーになる道＞

① 就職活動　→　アシスタント　→　出世　→　プロデューサー
② 個人のお金を投じて挑戦　→　プロデューサー

　そのため、①実績ある人のアシスタントになって這い上がる、②個人のお金を投じて低予算で制作し実績を積む、という2種類の方法があるだろう。その人の性格や偶然の外部環境などに左右されるだろう。アシスタントから這い上がるのが向いている人はそうすれば良い。最初から自分でやる方が向いている人はそうするのが良い。自己の特徴の分析が重要である。また親や祖父母から資金援助を受けられるのか、前職での貯金があるのか、などの要

因にも大きく左右される。自己資金が無いならアシスタントから這い上がるしか選択肢が無いだろう。

プロデューサーの能力で最も差がつくのが資金調達力であろう。過去の実績に対して今回の予算が決まるからである。「実力はあるはずなのにチャンスが無かったから実績が無い」は通用しない世界である。

例えば、AKB48 や乃木坂 46 のプロデューサーの秋元康氏は、1985 年におニャン子クラブをプロデュースして大成功した。その後、2000 年代に AKB48 をプロデュースし始めた。おニャン子クラブ成功が AKB48 プロデュースにつながったはずである。実績がない人が大規模プロジェクトを任されることは無いはずである。

投入される資金の大小でプロジェクトの規模や質は極端に差がつく。歌手のコンサートでいう五大ドーム（東京ドーム、大阪ドーム、札幌ドーム、ナゴヤドーム、福岡ドーム）やさいたまスーパーアリーナ等と小規模なライブハウスのように差がつく。小規模なライブハウスでのプロデュースでコツコツ頑張って実績を積み、やがて五大ドームでのコンサートへとつなげていく。最初から五大ドームで仕事をした人は、大物プロデューサーのアシスタントから始まったはずである。大物ほどアシスタント数が多いので、下っ端のアシスタントでは、よほど印象に残る人しか覚えていないはずである。大物のアシスタントになっても、その他大勢になり、埋もれるリスクがある。無名のプロデューサーでは、アシスタント数は少ないが、上に行けるか分からない。どちらにせよハイリスクな中、夢中になって頑張るしかない。

なお、プロデューサーは資格職ではない。名乗る職業である。プロデューサーと名乗り、ホームページや各種 SNS を作ればプロデューサーとなる。実績が無くてもである。

例えばファッション業界では、光文社のファッション誌『JJ』の 2010 年 7 月号に「おしゃ P」こと「おしゃれプロデューサー」が特集され、人気を博

し、一過性のブームとなった。このようにプロデューサーとは自由に名乗る職業なので、乱立しやすい。

　さて、テーマパークでプロデューサーになりたい人が増えていると筆者は感じる。テーマパークを作る仕事をしたい。アメリカ本社からイベントを呼ぶ仕事をしたい。アトラクションを開発したい。新規イベントやアトラクションの企画立案から制作、広告まで手掛けたい。このような希望者が非常に多い。テーマパークのプロデューサーは憧れの仕事なのである。

　このような希望者が増えることは、職業観の養成として良い傾向である。かつて東京ディズニーリゾート（TDR）のキャスト（アルバイト）になりたい人が多かった。キャストの仕事は来た客に対する接客なので、日本ではアルバイトの仕事である。TDRでは一部キャストの正社員登用もあるが、人数や正社員登用の要件などが明確にされていない。キャストの仕事は反復作業が多く、人事異動が無いため、長期間勤務しても一種類の仕事のみ経験する。これでは日本的経営でいうゼネラリストになれない。しかし反復作業が中心なのでスペシャリストにもなれない。キャストの一部は、新人キャストの育成や店長に相当するポジションにも就く。長く務めるなら人材育成や店長のポジションを目指そう。管理職経験は転職活動で役に立つ。

３．ウォルト・ディズニー：世界初テーマパークのプロデューサー

　テーマパークのプロデューサーというと誰を思い浮かべるだろうか。筆者は真っ先にウォルト・ディズニーを思い浮かべる。ウォルトはプロデューサーとして日本では認識されていない。ディズニーの創始者、アニメーターで映画監督、ディズニーランドの生みの親と認識されている。

　ウォルト・ディズニーことフルネーム、ウォルター・イライアス・ディズニー（Walter Elias Disney：1901〜1966年、以降、ウォルト）は1901年12月5日にアメリカ、イリノイ州シカゴ郊外に誕生した。ウォルトは5人兄弟の4番目の子供で、プロテスタント（キリスト教の新教）である。ユダヤ

人説があるが、ユダヤ人ではない。キリスト教徒である。当時のアメリカの
庶民は貧しく、ディズニー家も貧しかった。ウォルトは子供の頃から新聞配
達などで家計を助けてきた。当時のアメリカの庶民にとって子供が家計の一
部を担うことは当然であった。1900年代初頭のシカゴ郊外で育った経験から
か、ウォルトは生涯田舎、自然、動物、植物が好きで作品に登場させること
となった。

　1914年、ウォルトの思春期に第一次世界大戦が勃発し、ナショナリズム（国
粋主義）が高揚した。16歳のときウォルトは兵士になるため軍隊に志願した。
しかし当時のアメリカ軍は18歳以上でなければ入隊許可されなかったため、
その時はあきらめた。しかしウォルトが17歳になると、第一次世界大戦はさ
らに激化し、ナショナリズムのさらなる高揚とともにウォルトは高校を中退
して海軍に志願した。しかし18歳未満であったため、兵士ではなく救護要員
となった。10代後半のウォルトは血気盛んな少年であった。後の作品の優し
さや動植物への愛情からは想像できない。

　第一次世界大戦後、ウォルトは19歳で裸一貫でアニメ制作の世界に飛び
込んだ。ミッキーマウスの映画をヒットさせるまで貧乏生活を送った。紆余
曲折を経て28歳でミッキーマウスの映画をヒットさせ、人気を博した。

　その後、ウォルトが40代のとき第二次世界大戦が勃発し、アメリカも参戦
することとなった。アメリカの様々な工場は軍事工場に変えられた。ウォル
トの映画スタジオも軍事工場になるか、プロパガンダ映画を作るかの選択を
迫られた。ウォルトはプロパガンダ映画としてドナルドダック主演の「Der
Fuehrer's Face」（デア・ヒューラーズ・フェイス）等を制作した。その内容
は、反枢軸国、特に反ナチである。Fuehrer（ヒューラー）とは総統という意
味の敬称で、特にアドルフ・ヒトラーへの敬称であった。これはヒトラーの
造語である。ウォルトは愛国心が強く、共和党支持者であった。

　私生活では、ウォルトは1925年にリリアン（Lillian Marie Bounds：1899
〜1995年）と結婚し、二人の娘ダイアン（Diane Disney：1933〜2013年）

とシャロン（Sharon Mae Disney：1936〜1993年）に恵まれた。長女のみ実子で、次女は養女である。ウォルトがディズニーランド設立を思い立ったのは、娘たちと一緒に遊園地で楽しみたいという気持ちからであった。「テーマパーク」という言葉はウォルトの造語である。それ以前はアミューズメントパーク（Amusement Park）と呼ばれていた。

　アニメーターとしてのウォルトのキャリアは次のようになっている。1923年、ウォルトは兄ロイ・オリヴァー・ディズニー（Roy Oliver Disney：1893〜1971年、以降、ロイ）とディズニー・ブラザーズ・スタジオ（現ウォルト・ディズニー・カンパニー：The Walt Disney Company：以降、ディズニー社）を創立した。「蒸気船ウィリー（1928年）」の大成功を皮切りに「白雪姫（1937年）」「ピノキオ（1940年）」「シンデレラ（1950年）」など名作アニメを発表し続けた。

　そしてウォルトはテーマパーク「ディズニーランド」の企画立案、資金調達から制作指揮、広報、広告、営業など多くの業務を行った。ウォルトはプロデューサーと名乗っていなかったが、彼の仕事こそプロデューサーの仕事であった。ウォルトは1955年にカリフォルニア州アナハイムの広大なオレンジ畑を買い取り（用地買収）、ディズニーランドを建設した。その後、フロリダ州オーランドにも新しいディズニーランド建設を目指し、用地買収し、計画を進めていた最中の1966年、フロリダのディズニーワールド完成を見ることなく66歳で、肺癌で死去した。

　ウォルトはディズニーランドを企画立案し、ニューヨークで銀行マン相手にプレゼンして資金調達（銀行融資）に成功した。ウォルトは既存のディズニースタジオ所属のアニメーターを中心に人材を獲得し、育成した。人事管理、予算配分、制作指揮、広告、広報、営業を担った。ウォルトはプロデューサーとして多くの部下を叱咤激励し、モティベーションを向上させ、コミットメントを高める経営者であった。兄のロイ・ディズニーも資金調達、人事管理、広告、営業などの経営を担った。

4．日本の「小林一三遊園地」とは

　一方、日本の遊園地は「小林一三遊園地」と呼ばれるほど小林一三（こばやし・いちぞう）氏の影響を受けている。日本の遊園地は、阪急電鉄の小林一三社長のアイディアと実行力で開拓された産業である。小林氏は沿線開発して宅地開発事業で基盤を作り、そこから生じるターミナル駅への通勤客で運賃を稼ぐビジネスモデルを考案した。通勤客の往復の運賃だけでは採算性が低いため、7 時から 9 時頃まで通勤客を住宅地から都心へ運び、その帰りの空車を無駄にしないように中心部と逆側に学研都市などを作った。ターミナル駅に百貨店を作って、買い物客を中心部に運ぶ。その帰りの空車に中心部とは逆に、女性と子供のための動物園、遊園地、温泉などを作った。中心部に遊園地を一つも作らなかったのは、地価の高さと鉄道輸送の有効利用のためであった。宝塚少女歌劇団と宝塚ファミリーパークは、最盛期には 300万人も集客していた。京阪神地区の人を宝塚に運んだ。他の鉄道業者がこのビジネスモデルを導入したため、日本各地の遊園地はこのように成立した。遊園地は鉄道会社の効率経営の一要素であった（堀, 1987）。

　これに対して、アメリカのコニー・アイランドやオーストラリアのプラタのような欧米のディズニーランド以前の遊園地（アミューズメントパークと呼ばれる）は、産業革命によって生み出された工場労働者が日常の単純労働の圧迫から解放され、ギャンブル、飲酒、スリル、エンターテイメントを楽しむための大人の男性の遊び場であった。女性と子供を対象とした日本の遊園地とは成立した背景が異なる（堀, 1987）。

5．経済産業省のテーマパークの定義

　テーマパークとは何か、経済産業省の「平成 30 年特定サービス産業実態調査　公園、遊園地、テーマパーク編[1]」によると次のようである。

[1] 経済産業省「平成 30 年特定サービス産業実態調査報告書　公園、遊園地、テーマパーク編」2020 年 9 月 25 日アクセス

遊園地：主として屋内、屋外を問わず、常設の遊戯施設[2]を3種類以上（直接、硬貨・メダル・カード等を投入するものを 除く）有し、フリーパスの購入もしくは料金を支払うことにより施設を利用できる事業所

テーマパーク：入場料をとり、特定の非日常的なテーマのもとに施設全体の環境づくりを行い、テーマに関連する常設かつ有料のアトラクション施設[3]を有し、パレードやイベントなどを組み込んで、空間全体を演出する事業所

　本書では、乗り物がなくても、テーマに沿った環境演出がなされ、集客するための魅力ある施設、設備、展示物等があるならばテーマパークとする。

６．まとめ

　日本の遊園地は小林一三氏のアイディアと工夫で構築されたビジネスモデルである。しかしその弱点は、<u>テーマパークは不動産</u>なので、不便な田舎に作ったら、集客に有利な立地に移したいと思っても移せないことである。小林社長は1873（明治6）年生まれ、1906（明治39）年に阪急電鉄の前身の箕面有馬電気鉄道を設立し、1911（明治44）年に宝塚新温泉（現・宝塚ファミリーランド）を開業させた。つまり明治時代に考案されたビジネスモデルなのである。現代に合うよう変革を続ける必要がある。

＜参考文献＞

・　堀貞一郎（1987）『人を集める―なぜ東京ディズニーランドがはやるのか―』ティービーエス・ブリタニカ

---

https://www.meti.go.jp/statistics/tyo/tokusabizi/result-2/h30/pdf/h30report26.pdf
[2] 遊戯施設とは、コースター、観覧車、メリーゴーランド、バイキング、フライングカーペット、モノレール、オクトパス、 飛行塔、ミニSL、ゴーカートなどをいう。
[3] アトラクション施設とは、映像、ライド(乗り物)、ショー、イベント、シミュレーション、仮想体験（バーチャルリアリティ）、展示物の施設などをいう。

第1章　三鷹の森ジブリ美術館と宮崎駿監督

1．はじめに

　スタジオジブリはアニメ制作会社として世界トップクラスの実績と知名度を誇る。同社作品をテーマにした三鷹の森ジブリ美術館（以降、ジブリ美術館）がある。ジブリ美術館はミュージアムであってテーマパークではないが、テーマパークと呼べるほどエンターテイメント性が高い。

　ジブリ美術館は、宮崎駿監督が企画立案、資金調達、人材獲得、予算配分、制作指揮、広報の一部を担った。宮崎監督はプロデューサーと名乗っていないが、プロデューサーの仕事を担当したと言えるので、本書の対象となる。

　本章では、宮崎監督がプロデュースしたジブリ美術館の設立の目的から経緯、現状、これによる地域振興を考察する。

2．宮崎駿監督の人物史とパーソナリティ

　宮崎駿監督は 1941 年東京市（現・東京都文京区）の高級住宅街の裕福な家に誕生した。幼い頃に悲惨な第二次世帯大戦を経験した。疎開先の宇都宮で空襲に遭った。その後、学習院大学政経学部在学中に学生運動を活発に行い、広報部長を務めた。同時に児童文学研究会に所属して子供向けアニメの基礎となる児童文学の研究を行った。

　大学卒業後、1963 年にアニメーターとして東映動画（現・東映アニメーション）に入社（最後の定期採用）した。東京都練馬区に四畳半のアパート（家賃 6,000 円）を借りた。初任給 1 万 9,500 円（3 ヶ月の養成期間は 1 万 8,000円）であった（宮崎, 1996）。

　東映動画での労働組合活動でお互いを刺激しあう関係の高畑勲（たかはた・いさお）監督と出会った。高畑監督が上司、宮崎監督が部下という関係であった。宮崎監督は「未来少年コナン（1978 年）」で初めて監督を務め、「ルパン三世カリオストロの城（1979 年）」や「風の谷のナウシカ（1984 年）」

の成功で映画監督としての地位を築きあげた。1985年に徳間書店の子会社としてスタジオジブリを高畑監督とともに発足させた。スタジオジブリは2005年に徳間書店傘下を離れ独立した。「天空の城ラピュタ（1986年）」「となりのトトロ（1988年）」「もののけ姫（1997年）」などの名作アニメを次々に大ヒットさせ続け、現在も精力的に活動している。

　宮崎監督は「ディズニーの作品はあまり好きではない」とインタビューで答えている（宮崎, 2002）。宮崎監督は外国人記者に「日本のディズニーと呼ばれることに対してどう思っているか」と聞かれ、「ウォルト・ディズニーはプロデューサー。ぼくは現場のアニメーターなので、比較されても困る。オールドナイン（ディズニーアニメのパイオニアである9人の天才アニメーター）のことは尊敬している」（鈴木, 2008, 111頁）と答えた。ウォルトはマスコミに積極的に露出し、新作やディズニーランドを宣伝したが、宮崎監督は職人気質で人見知りで、表舞台やマスコミにあまり出たがらない。ジブリ美術館の宣伝をメディアで積極的に行えばもっと知名度が上がるであろう。公の舞台に出てくる回数は鈴木敏夫プロデューサーの方が圧倒的に多く、彼の口から間接的に宮崎監督の考えが語られることが多い。

　宮崎監督は、人材を育成する能力は高くないと認めている。アニメーターとして天才的なので、自分ができることを他者ができないことが十分理解できず、指導が上手くいかないケースが多々ある。スタジオジブリでは、いわゆる「ダメ出し」と描き直しが続くので、耐えられなくなったアニメーターの離職率は高いと言われている。

　宮崎監督は「宮崎アニメ」という宣伝を嫌がる傾向にある。「宮崎アニメだから観る」のではなく、「このアニメが素敵だ」と内容で評価されたいと考えているようだ。

　ウォルト・ディズニーは家族みんなで楽しんでもらいたいとアニメーション映画やディズニーランドを作っていたのに対して、宮崎監督は、アニメーションは子供のものという考えで作っている。ジブリ美術館を作る際、「子

供のためのもの、子供に楽しんでもらう」というコンセプトを重視した。「大人にももちろん楽しんでもらいたいが、どちらかといえば『子供が楽しんでいる姿を見ることによって、幸せを感じる』方が望ましい」という考えを持っている。そして子供心を忘れない。

3．ジブリ美術館のビジネスモデル

　宮崎監督は「そもそも美術館ではなくて、不思議なものや仕掛けをいっぱい見せる、見世物館を作りたかったんですよ。でも、それだと**財団法人**になれないらしいので、美術館のふりをしています」と言う（ジブリ美術館, 2011, 91頁）。つまり一般的な美術館にするつもりはなかった。

　ジブリ美術館は、**東京都三鷹市とスタジオジブリを軸とした民間企業に共同で設立され、運営**されている。その事業の仕組みは「三鷹版PFI」と言われ、指定管理者制度の先行事例として関心を集めた。ただし、指定管理者制度でもPFIでもない（綜合ユニコム, 2005）。

　ジブリ美術館は、1992年に三鷹市が東京都立井の頭公園西園拡張予定区域（約2万㎡）内に文化施設建設を条件として使用することを東京都と合意したことに始まる。一方、当時スタジオジブリ制作物の著作権を持っていた㈱徳間書店スタジオジブリ事業本部（以降、徳間書店）は、1997年頃から独自の美術館構想を持ち、1998年3月、三鷹市の文化施設構想の情報を得て、美術館準備室の学芸員が三鷹市長を訪ね、意気投合した。しかし東京都立公園内に民間施設は認められないと東京都が言ったため、次のようなアイディアを出した。三鷹市の公の施設であることが基本条件であったため、「負担附き寄附」による「公の施設」とすることになった。

　ジブリ美術館の運営会社は**公益団体法人徳間書店アニメーション文化財団**と**株式会社マンマユート団**である。2001年10月1日開業、所在地は東京都三鷹市下連雀、構想主は宮崎監督、**総工費50億円**、施設面積約4,000㎡、年

間来場者数約 60〜70 万人、入場料は大人・大学生 1,000 円、中高生 700 円、小学生 400 円、幼児（4 歳以上）100 円である。

創設理由はアニメーター引退後の雇用創出

　ジブリ美術館の構想が本格化したのは 1997 年秋である。もともとジブリの**アニメーターの高齢化対策**として案が練られた。高齢になるにつれ、重労働のアニメーターを続けるのは困難である。現役引退後に過ごす場所として何か店をと店舗用の土地を探していた中、「もののけ姫」がヒットし、百貨店で開催された原画の展覧会が好評だったことから、構想が美術館へと変化した。さらに宮崎監督には幼稚園を作りたいという夢があった。この夢は 2008 年に**ジブリの企業内保育園**「三匹の熊の家」および「はなれ」として叶うことになる。その夢を発展させる形として、美術館の具体的なコンセプトを練るようになった。最初のアイディアは「山を作って、その中に美術館を入れてしまう。入口を山のふもとに作って、出口は山の上。そこで親子でお弁当を食べてもいいし、山をかけ降りてもいい」というものである。始まりが幼稚園であることからも、子供に目線をおいた作りを重要視している。ジブリ美術館のキャッチフレーズは「迷子になろうよ、いっしょに。」である。1998 年から本格的に建築予定地探しが始まり、同年 2 月中旬、三鷹市から現在の「井の頭公園西園拡張用地」を紹介された。しかし予定地は東京都所有のため、建設できるのは公の施設だけであった。そこでスタジオジブリ関連会社が建物を建設後、三鷹市に寄付して、公の施設にするという「負担附き寄付」という方法で設立する案が出された。施設の管理、運営については三鷹市、徳間書店、日本テレビ放送網が出捐（しゅつえん）して設立した「財団法人徳間記念アニメーション文化財団」が行う。その正式名称は「三鷹市立アニメーション美術館」である。「三鷹の森ジブリ美術館」はいうなれば「正式な通称」である（ジブリ美術館, 2009, 94 頁）。

コンセプト

　ウォルトは「ディズニーランドは子供だけでなく、親子で楽しめるもの」とファミリー層をターゲットしたのに対し、宮崎監督は「ジブリ美術館は子供のためのもの」とした。ジブリ美術館にある巨大なねこバスのぬいぐるみは中に入ることができるのは小学生以下である。

　ジブリ美術館のコンセプトはパンフレット「三鷹市立アニメーション美術館の開館に向けて　三鷹の森ジブリ美術館」によると次のようになる。パンフレットの言葉に考察しやすいように筆者が番号をふった。

　おもしろくてやわらかくなる美術館。いろんなものを発見できる美術館。キチンとした考えがつらぬかれている美術館。楽しみたい人は楽しめ、考えたい人は考えられ、感じたい人は感じられる美術館。そして、入った時より、出る時はちょっぴり心がゆたかになってしまう美術館！そのために、

　建物は、①それ自体を一本の映画としてつくりたい、②威張った建物、立派そうな建物、豪華そうな建物、密封された建物にしたくない、③すいている時こそ、ホッとできるいい空間にしたい、④肌さわり、さわった時の感じがあたたかい建物にしたい、⑤そとの風や光が自由に出入りする建物にしたい。

　運営は、①小さな子供たちも一人前にあつかい、②ハンデを持っている人にできるだけ配慮したい、③働く人が自信と誇りを持てる職場にしたい、④道順だの、順路だの、あまりお客さんを管理したくない、⑤展示物に埃がかぶったり、古びたりしないよういつもアイディアを豊かに新しい光線を続けたい、⑥そのための投資を続けるようにしたい。

　展示物は、①ジブリファンだけがよろこぶ場所にはしたくない、②ジブリの今までの作品の絵が並んでいる『おもいで美術館』にはしたくない、みるだけでも楽しく、作る人間の心が伝わり、アニメーションへの新しい見方が生まれてくる場所をつくりたい、③美術館が独自の作品や絵を描き、

発表する、映像展示室や展示室を作り、活き活きと動かしたい〈→独自の短編映画を作って公開したい！〉、④今までの作品については、より掘り下げた形で位置づけて展示したい。

　カフェは、①楽しみ、くつろげるための大事なところとして位置づけたい。ただし、多くの美術館のカフェが運営困難になっている現状からも安直にやりたくない、②個性あふれたよい店をまじめにつくりあげたい。

　ショップは、①お客さんのためにも、運営のためにも充実させたい、②売れれば良い式のバーゲン風安売り店にしたくない、③よい店のあり方を模索し続けたい、④美術館にしかないオリジナルグッズを作りたい。

　公園との関係は、①緑を大切にするだけでなく、十年後にさらによくなるプランをつくりたい、②美術館ができて、まわりの公園も豊かになり、公園が良くなって美術館もよくなったといえるような形の運営を探し見つけたい。

　こういう美術館にはしたくない！すましている美術館、えらそうな美術館、人間よりも作品を大事にしている美術館、おもしろくないものを意味ありげに並べている美術館。

三鷹の森ジブリ美術館館主　宮崎　駿

建物

　東京ディズニーリゾート（**TDR**）の建物の大きな特徴は外の景色が見えない設計である。外界を完全に遮断することで、夢の国という印象を強くする狙いがある。ジブリ美術館もこれを取り入れたのではないか。ジブリ美術館は、全体が井の頭公園の森の木々に囲まれた中に埋もれたような状態で、外界から隠れた位置に作られている。入口は大きなトトロのぬいぐるみを置いたフェイクの受付からしばらく歩かないと見つけられない仕組みになっている。美術館のキャッチフレーズは「迷子になろうよ、いっしょに」である。

迷子になったような感覚にさせることで、不思議な場所という印象を与えることができる。

　TDRは「外を見せない」ことによって外界を遮断していることに対し、ジブリ美術館は「外から見えない」ことにより外界を遮断している。

　ジブリ美術館は、建物自身が立派な展示物となり、スタジオジブリの世界観や魅力を発信している。

　アニメ「トイ・ストーリー」等の監督で数々のディズニー映画を作ってきたジョン・ラセター監督は、宮崎監督の大ファンである。ラセター監督がジブリ美術館を訪れた際に次のような発言をしている。「ジブリ美術館と宮崎アニメ作品の中に出てくる建物には類似点がある。1つめは漫画的な誇張があること。2つめは有機的な雰囲気があること。3つめは西洋建築的な感覚があること。この3つの組み合わせを行ったものが双方の類似点である。よって美術館の中でたくさんの宮崎作品に会うことができる」。この「世界観を楽しむ」という行為は、ディズニーランドにも当てはまる。ディズニーもジブリも魅力的なコンテンツが十分あるので、それを建物に盛り込むことで「行きたい」欲求を高めることができる。

　ジブリ美術館はTDRと同じで、映画制作会社の作品なので施設の作り方も映画の作り方と一致している箇所がある。例えば、入口部分である。ディズニーランドの入口は一箇所しかない。それは映画の物語の始まりが一箇所しかないというウォルトのこだわりによるものである。またジブリ美術館の入口にも宮崎作品との共通点が見られる。それは入口を入るとすぐに階段を下っていかなくてはならず、全て下りきった後に吹き抜けがあるので、入場者は最下部から「見上げる」視点を最初に必ず持つ点である。宮崎作品では、建物が映し出される時、必ず建物を見上げる視点である。このように実際の作品と同じような視点を持つことで、入場者は「ジブリの世界に入っている」と感じる。

ジブリ美術館のコンセプトは、迷子にさせるために、あえて入場者に自分の位置を分かりにくくさせている。ジブリ美術館は均等でない空間や曲線の多い空間で建物を構成し、分かりにくい。これにより実際より広い建物と感じさせている。ディズニーランドは中央にシンデレラ城を起き、そこから各エリアに進む分かりやすい構造により迷子を防いでいるので、対照的である。

　またジブリ美術館は施設内での写真撮影が禁止である（屋上は可）。当初は写真撮影許可であったが、写真をとることが目的となり、展示物を見ようとしない親と、その被写体になるせいで自由でいられなくなり、十分に楽しめない子供たちを目にした宮崎監督が禁止した。

運営

　ジブリ美術館は比較的宣伝していない。ジブリ美術館の具体的な宣伝方法はコンビニエンスストアのローソンで行っている。コンビニエンスストアは老若男女が利用するので、「千と千尋の神隠し」公開の際、宣伝をローソンで行ったことが非常に有効に働いた。コンビニは単なる小売店ではなく、1つのメディアとして有力と確信した鈴木プロデューサーが、美術館にもこの手法を用いることにした。ジブリ美術館は入場券をローソンのロッピーで独占販売している[4]。

　ジブリ美術館は完全予約制で、入場時間は1日4回（10時、12時、14時、16時）に限られる。入れ替え制ではないので一日中滞在してもよい。1回に入場できる人数は 600 名で、1日に入場できる人数は 2,400 名に限られる。その理由は、混雑を避けることと、美術館のイメージとして、人があふれかえって窮屈になってしまうのはあまり良くないからである。また「ジブリは町工場。中小企業でないと、隅々まで目の届いた質の高い映画は作れない」という宮崎監督の考えを踏襲していると考えて良いだろう。それについて当

---

[4] 2002 年 3 月 21 日　日経 MJ（流通新聞）7 頁「映画や音楽分野、コンビニが強化―人気コンテンツ独占狙う。」

時同館館長でもあった宮崎吾朗監督（宮崎駿監督の長男）は「休日はかなり混雑するので、ゆっくり見てもらうために、経営的に許せばむしろ入場者数を減らしたい」と述べていた[5]。

ジブリ美術館は TDR のキャスト育成のような細部まで行き届いたホスピタリティ教育はしていないようである。接客マニュアルは必要最低限のものしかない（ジブリ美術館, 2011, 114 頁）。

スタッフ全員が上司から言われるのではなく、自主的に判断し、工夫して対応する姿勢を大切にしている。また、スタッフは入場者との距離を一定に保ち、あくまでも補助というスタンスをとる。

展示物

展示物はテーマパークではアトラクションに相当する。そこには宮崎監督の幼少時代の思い出が反映されている。常設展示「映画の生まれる場所」は、テーマとしては映画の制作現場を一部屋ずつ作業別に流れに沿って説明する。現場は宮崎監督が東映動画に入社したばかりの「日本が貧乏で幸せだった頃」を再現している。宮崎監督は「日本が貧乏で幸せだった頃」が好きであり、作品に何回も登場している。この「映画の生まれる場所」という展示の 2 番目の部屋「準備室」は、少年の部屋をイメージしたものである。この少年の部屋の中には男の子が好きそうな工具や機械、祖父から譲り受けたというコンセプトの古くて大きな机や飛行機模型、宮崎監督が影響を受けた沢山の書籍などが雑多に置いてある。これは宮崎監督が、ジブリ作品の美しい背景などを多数描いてきたアニメーターの男鹿和雄氏[6]と昔を思い出しながら楽しそうに相談して決めたものである（ジブリ美術館, 2009, 50 頁）。宮崎監督も「（この部屋は）子供の頃に欲しかった部屋」と言う（宮崎, 2008, 315 頁）。

---

[5] 2005 年 5 月 11 日　日本経済新聞　地方経済面　東京　15 頁「三鷹の森ジブリ美術館長宮崎吾朗氏—アニメの魅力分かち合う（TOKIO 進化びと）」
[6] 男鹿和雄（おが・かずお）氏：「となりのトトロ」等で緑豊かな自然の風景などを描いた天才アニメーター。

ジブリ美術館の映像展示室「土星座」は約80名収容できる映画館である。ここで上映されるジブリ制作の短編アニメーション映画は、他で見ることができないものである。9作品「くじらとり（2001年）」「コロの大さんぽ（2001年）」「めいとこねこバス（2002年）」「やどさがし（2006年）」「水グモもんもん（2006年）」「星をかった日（2006年）」「ちゅうずもう（2010年）」「パン種とタマゴ姫（2010年）」「たからさがし（2011年）」がある。1作品1ヶ月程度のスケジュールで上映しているので、ここの作品を全て観ようとすると、1ヶ月おきに少なくとも9回来る必要がある。この短編映画は増えていく予定で、12作品程度に増加する方針である。ジブリ美術館の現館長である中島氏は「作り続けることは、ジブリ美術館の開館以来の大きなテーマのひとつ」と言う（ジブリ美術館, 2011, 115頁）。

　ジブリ美術館の展示物は、エンターテイメントよりも教育の要素が大きい。教育（エデュケーション）とエンターテイメントの複合語を**エデュテイメント**という。例えば、アニメーションはどういう技術を持って作られたのかを見せる「動きはじめの部屋」がある。ジブリ作品の世界観とアニメ制作、そこから歴史と文化を楽しく学ぶ展示が多数ある。

　またジブリ美術館は土星座で映写機を使うなど、過去というコンセプトを確固たる信念を持って守っている。今の映画館で映写機を使うところは殆どない。ジブリ美術館は、ミュージアムとしての役割からすれば、過去に対するこだわりも担う。美術館は広義には博物館の一種類である。博物館は資料を保存し、収集し、展示し、それら過去のものを未来へ残し、伝える役割を担う。宮崎監督は新しい技術に頼ることを危惧し、未来に対して悲観的に考え、古いものを大切にする考えを持っている。

ショップ・飲食店

　ジブリ美術館のショップ・飲食店はストーリー性を持つ。ショップ・飲食店はそれぞれ一店舗のみである。ショップは「マンマユート」、飲食店は「麦

わらぼうし」という。ここでは「マンマユート」について述べる。これは映画「紅の豚（1992年）」に出てくる空賊団に由来している。「マンマユート」とはイタリア語で「ママ！助けて！」という意味である。ショップのマークにも採用されている髭の男はこの空賊団のボスである。つまりこのショップはこの空賊団が運営しているというストーリーを来場者に感じさせる狙いがある。またジブリ美術館の運営会社に「マンマユート団」という名前をつけている。この空賊団が運営しており、盗んできたお宝物の美術館というストーリーを連想できる。そこでしか売っていないオリジナルグッズを販売している。

　ジブリ美術館の飲食店「麦わらぼうし」は家庭料理をコンセプトにしているので、日常の雰囲気を楽しむことができる。TDRは飲食物の持ち込み不可で飲食店の売上を上げることに対して、ジブリ美術館はお弁当などの持ち込み可である。「天気の良い日は芝生の上でお弁当を！」と持ち込みを歓迎している。ジブリ美術館内の飲食店は満席かつ行列していることが多いので、それを補う要素として、飲食物を持ち込むというアイディアであろう。TDRも飲食店は満席かつ行列していることが多いが、飲食持ち込み不可なので、この点に対する方針が正反対である。

地域振興

　ジブリ美術館は三鷹市のイメージ作りに貢献している。三鷹市の新しいイメージと子供たちの夢のシンボルとして宮崎監督デザインのキャラクター「ポキ」は、名前を市民から公募した。グッズ展開され、三鷹市とジブリの連帯感を出している。また1日限定2,400枚の入場券のうち、必ず100枚を地元市民向けに確保し、市民や近隣市民を無料で招待する「三鷹市民デー」などを設けている。地域の小学生や幼稚園、保育所の園児を積極的に招くなど、地元密着の姿勢を打ち出している。

4．発見事項と考察

　本章では、宮崎監督がプロデュースしたジブリ美術館の設立の目的から経緯、現状、これによる地域振興を考察し、次の点を明らかにした。

　第1に、ジブリ美術館は美術館、ミュージアムであり、同時にテーマパークのようなエンターテイメント機能も持つ。宮崎監督は「美術館ではなくて、不思議なものや仕掛けをいっぱい見せる、見世物館を作りたかった。それだと財団法人になれないので美術館」になったと言う。美術館という典型的な型にはまった施設にするつもりはなかった。

　第2に、他のテーマパークは営利企業なので、利益を上げることを重視しているが、ジブリ美術館は利益を第一目的としていないようである。より売上を追求するのであれば、一日当たりの入場券販売数を増加させ、ショップ、飲食店を増やし、飲食物の持込不可にするはずである。ジブリ美術館の成功は、利益の最大化のみが成功ではないという示唆をレジャー産業に与えている。それは本業での利益があってのことであろう。ジブリ美術館は文化施設として、親子の交流の場として、児童文学の世界が立体的に再現された場として、地域振興の舞台として生きている。またジブリ美術館は18時に閉園する。それでは夕食需要が見込めない。

　TDRでは、顧客の滞在時間が長いほど客単価が上がることが明らかになっており、滞在時間を延ばす努力がなされている。例えば、夕方以降にエレクトリカル・パレード、花火、プロジェクションマッピング等を充実させることで夕食需要を生じさせている。夕食は昼食に比べ単価が高いので効率よく客単価を上げられる。

　それに対して、ジブリ美術館は、売上増よりも従業員の労働時間短縮を優先しているのではないか。宮崎監督は学生時代に学生運動を、東映動画時代に労働組合活動を行っていた。労働者重視の思想が、経営者になった現在も健在のようである。なお、労働組合活動とは、労働者が団結して経営者に労働時間短縮や給与増などを訴える活動である。

第3に、ジブリ美術館設立の理由の一つは、ハードなアニメーター業務引退後の雇用創出である。ジブリ美術館には、宮崎監督がアニメーターを目指す人向けに絵の描き方や水彩絵の具の性質など様々な解説をしている。その中で「アニメーターとして成功しても君が金持ちになる心配はない」と宮崎監督は書いている。日本のアニメーターの低賃金が問題になっている。同じアニメーターでも、アメリカンドリームをつかんだウォルト・ディズニーは巨万の富を得て、子供の代も大富豪である[7]。日本のアニメーターとは給与システムや著作権者の取り分が異なるのだろうか。

　第4に、宮崎監督自身はプロデューサーと思っていないようであるが、これほどプロデュース能力の高い人も珍しい。宮崎監督はアニメーターとして知名度と地位と信用力を上げたから、ジブリ美術館の企画を三鷹市長に通すことができた。無名のアニメーターではこうはいかない。序章で、プロデューサーになるには、①誰かのアシスタントになって這い上がる、②自分の資金を投じて制作する、と述べた。ここでさらにもう一つの道を発見した。第3の方法は、別の仕事で知名度、信用力、地位、組織力（スタジオジブリなどの会社）を上げ、プロデュース業に参入することである。考えてみると、ウォルトも同じ道をたどった。

5．まとめ

　日本のアニメーターは、成功してもハリウッドのように巨額報酬を得ることはできないのだろうか。低賃金がずっと続いたのなら、引退後に貯金が多

---

[7] ウォルト・ディズニーの兄ロイ・ディズニーの息子ロイ・エドワード・ディズニー（Roy Edward Disney：1930-2009 年）は FORBES（フォーブス誌）の「The 400 Richest Americans （アメリカのトップ 400 人の富豪）」の 2009 年版に 76 歳で、第 322 位、純資産 1.2 億ドル（約 120 億円）と載っている。ロイ・エドワード・ディズニーは長期間ウォルト・ディズニー社の経営陣であった。ウォルトは娘が二人いて、息子がいないので、甥の同氏が事実上の跡取り息子であった。同氏の死後のアメリカの富豪リストに、ディズニー家は誰も掲載されていない。

いことはあまり期待できないので、宮崎監督はアニメーターの引退後の受け
皿を作ったのではないか。

　似た問題として挙げられるのはスポーツ選手のセカンドキャリアである。
引退後、経済的に困窮するスポーツ選手が多い。監督やコーチになれる人は
ごく一部、テレビタレントや政治家に転身できる人もごく一部である。一般
の職業では体育教師に転職する人が多い。しかし学級担任や通常の授業など
激務で、苦情の多い業界で、難易度が高く、離職率も高い職である。ジムの
インストラクターで食べていける人はごく一部である。スポーツ選手は潰し
が効かない。

　アニメーターも潰しが効かない職業なのだろう。三鷹の森ジブリ美術館は
アニメーターの引退後の受け皿と、三鷹市への地域振興を同時に達成できる
企画である。

謝辞

　本章は私のゼミ生、服部明日香氏の 2011 年度卒業論文（2012 年 1 月提出）
に加筆修正したものである。服部氏のおかげで研究が進んだ。とても感謝し
ている。私は宮崎監督についてほぼ知らなかった。服部氏は元からスタジオ
ジブリファンだったようで、私の授業を受けてこの卒業論文を思いついたよ
うである。

　①の服部（2012）に加筆修正したものが②の服部・中島（2013）である。
本章は②にさらに加筆修正した。
①服部明日香（2012）「ディズニーランドと三鷹の森ジブリ美術館の比較研
究」大阪観光大学卒業論文
②服部明日香・中島　恵（2013）「東京ディズニーリゾートと三鷹の森ジブ
リ美術館の経営比較」『観光と地域振興』海文堂出版

＜参考文献＞

- ジブリ美術館（2009）『迷子になろうよ、いっしょに。三鷹の森　ジブリ美術館　GHIBLI MUSEUM, MITAKA GUIDE BOOK 2009-2010』徳馬書店

- ジブリ美術館（2011）『迷子になろうよ、いっしょに。三鷹の森ジブリ美術館ファンブック GHIBLI MUSEUM, MITAKA FAN BOOK』徳間書店

- 鈴木敏夫（2008）『仕事道楽』岩波書店

- 鈴木敏夫（2011）『ジブリの哲学』岩波書店

- 宮崎　駿（1996）『出発点 1979〜1996』岩波書店

- 宮崎　駿（2002）『風の帰る場所—ナウシカから千尋までの軌跡』ロッキング・オン

- 宮崎　駿（2008）『折り返し点 1997〜2008』岩波書店

第2章
USJ 快進撃の立役者、
イベントプロデューサーの津野庄一郎氏

１．はじめに

　ユニバーサル・スタジオ・ジャパン（USJ）の快進撃は 2010 年代初頭から始まった。2014 年頃、筆者は夕方のニュース番組で USJ のイベントプロデューサー、津野庄一郎（つの・しょういちろう）氏を初めて拝見した。その頃、USJ はハロウィンのゾンビイベント等を大ヒットさせ、2014 年 10 月の入場者数で東京ディズニーランド（TDL）と東京ディズニーシー（TDS）を抜くという快挙を成し遂げた。津野氏はハロウィンイベント他、様々なイベントやアトラクションのプロデュースを手がけた。津野氏はたびたびテレビ等メディアに出演し、USJ ファンに知られる存在となった。津野氏が 2018 年 10 月末日に USJ を退職したと Twitter で発表した際、ファンの間でショックが広がり、今後 USJ のイベントがどうなるのか不安という声が上がった。

　津野氏は USJ 快進撃の立役者の一人である。2017 年度、ついに USJ が TDS に年間入場者数で上回るという下克上が起こった。下克上は主として戦国時代に起こった珍しい現象である。下から這い上がっていって、それまで上に君臨していた者に勝つ。このようなことは滅多に無い。売上によって次のアトラクションやイベントのグレードが決まるテーマパーク業界では、下剋上を起こしにくい。それまで世界で第 4 位をキープしていた優等生 TDS に勝てるテーマパークは、世界で 3 つしか無いと筆者は思っていた。その 3 つとは TDL、米カリフォルニア州アナハイムのディズニーランド、米フロリダ州オーランドのディズニー・マジックキングダムである。これら 3 つのテーマパークは TDL にとてもよく似ている。生前のウォルト・ディズニーのアイディアと創意工夫の結晶である。これら 3 つのディズニーランドが世界トッ

プ 3 で、世界 4 位が常に TDS であった。5 位以下も世界のディズニーランド・グループが席巻していた。ディズニーが席巻するテーマパーク市場に大阪の USJ が食い込んでいき、2017 年、遂に TDS を抜くという快挙を成し遂げた。

　本章では、津野氏はどのようにエンターテイメントを制作するのかインタビューにより明らかにする。研究方法はインタビュー調査である。

　USJ を運営する合同会社ユー・エス・ジェイは、大阪市此花区にあり、代表者は社長兼 CEO、J.L.ボニエ氏、資本金 50 億円、事業内容はテーマパーク「ユニバーサル・スタジオ・ジャパン」の経営である。米国法人ユニバーサル・シティ・スタジオ・プロダクションズ他ユニバーサルグループ各社から、知的財産の利用についてライセンスを受けている[8]。同社は非上場につき売上高等を公表していない。

2．インタビュー内容
＜概要＞
日時：2019 年 4 月 1 日 14 時から 15 時
会場：電話取材
インタビュイー：津野庄一郎氏（イベントプロデューサー）
インタビュワー：中島　恵（筆者）

津野氏のタイプ
筆者　津野さんは芸術家肌ですか。技術者肌ですか。ビジネスマンタイプですか。

津野　私はプロデューサーですので、これら全ての要素を持っている必要があります。アーティスティックな側面が必要ですし、大きな組織をまとめて

---

[8] ユー・エス・ジェイ HP「会社概要」2019 年 10 月 10 日アクセス
https://www.usj.co.jp/company/about/

引っ張るのでビジネスマンの要素も必要です。エンターテイメントを制作するに当たって技術的なことを分かっていないとプロジェクトが進みません。これら3つの要素は常に持っていたいのです。特にアーティスティックかつクリエイティブな部分は他のプロデューサーより重視しており、自分の強みだと思っています。一つのプロジェクトのメンバーは、大きいプロジェクトで70〜80人くらい、日本人、アメリカ人を中心に外国人もいます。小さいプロジェクトでも10人単位で動きますので、リーダーシップが必要になります。

筆者　USJでは特にアメリカ人が多いでしょうね。英語はお得意なのですか。

津野　英会話のスキルが高いわけではありませんが、外国人と英語で意思疎通できます。

筆者　外国語学部を出られたのですか。

津野　いいえ、独学と言いますか、自分で英会話教室などに通いました。USJ時代は直属の上司がアメリカ人でした。優秀な通訳さんがいましたので、通訳を通すこともできますが、つたない英語でも自分で伝えた方が細かいニュアンスと熱意は伝わります。

筆者　アートの才能だけでなく、英会話を磨くなど地道な努力もされたのですね。

イベントプロデューサーになった経緯

筆者　いつからこの職（イベントプロデューサー）を目指しましたか。師匠や先生はいないと思いますが、最初どうやってこの仕事をできるようになりましたか。美術大学か美術専門学校を出ていますか。

津野　いいえ。昔から絵を描いたりするのが好きでした。私は2001年のUSJオープンの4ヶ月前に29歳でUSJに入社したのですが、特殊効果の火薬の担当として採用されました。その時にアメリカ人の女性プロデューサーの上司に出会い、彼女から「あなたはプロデューサーにとても向いているのでプ

ロデューサーとして頑張るといい」と勧められました。彼女と一緒に行動する中でプロデューサーがどういう仕事で、どうあるべきか少しずつ分かってきました。プロデューサーという名前は知っているけれど、仕事内容は世間であまり知られていないと思います。

この職につく方法

筆者 テーマパークでイベントやアトラクションのプロデューサーになりたいと言う若い人から相談を受けます。この職に就きたい人は高校卒業後どのような進路に進めばいいですか。

津野 私の学生時代にはありませんでしたが、今は専門学校にテーマパークコースがあります。精神論になりますが、やりたいと思うことに対して、まず声に出して言うことが大事だと思います。私は USJ に入社後、先ほど申しました女性プロデューサー、アメリア（Amelia Gordon）に出会いました。彼女は USJ 社員ではなく社外から来ていて、世界中のテーマパークでプロデューサーをやってこられた女性です。彼女からアドバイスをもらって、翌日には現場の作業着を着たままエンターテイメント部の部長の部屋に行き、プロデューサーをやりたいとお願いしました。専門学校でテーマパーク運営方法を学ぶこともできると思います。一種類の進路が決まっているわけではないです。USJ にプロデューサーは何人かいましたが、みんなそれぞれの経緯でプロデューサーになりました。

USJ の予算管理方法は？

筆者 USJ ではどのように予算管理していますか。イベント予算は経理部から一括で総額をもらい、項目ごとに津野さんが配分しますか。

津野 社外秘はお話しできないので、言える範囲でお話しします。会社からイベント予算を預かり、必要に応じて分配して制作します。ゲストの満足度が一番重要ですが、ビジネスとして成功させる必要がありますので、投資額

が大きいほど集客を増やす必要があります。例えば、大きいフロートやショーセットを作りたいとクリエイティブ部分で考えても、収支を考える必要があります。

筆者　前作でどのくらい成功したかで、今回の予算が決まるのでしょうか。

津野　そうです。USJ 時代はマーケティング部と一緒に動くことが多かったです。需要予測を最初に立てます。私はずっとハロウィンを担当していましたのでハロウィンを例に挙げますと、ハロウィンは毎年順調に伸びていましたので、順当に考えると毎年予算は増えていくはずですが、前年の顧客満足度とリピート率などを見て、今年の集客予想を立てます。集客予測を見て予算配分します。USJ では CM に予算をかけます。私たちがどれほど良い作品を作っても消費者に知られなければ来て頂けませんので、プロモーションが重要です。

ガンペル社長時代とコムキャストになってからの違い

筆者　USJ は 2015 年にアメリカのコムキャストに買収されました。ガンペル社長時代とコムキャストに買収されてからはどう変わりましたか。

津野　これはよく聞かれます。それほど具体的にはお答えできないのですが、買収の前後でほとんど変わっていません。世間で思われている企業買収では、親会社の方針を押しつけられると思いますが、USJ はコムキャストというか、その子会社 NBC ユニバーサルの傘下に入ったのですが、NBC ユニバーサルは USJ をすごくリスペクトして下さいました。USJ の成功はユニバーサル・グループ（米ハリウッド、米オーランド、シンガポール）の中で非常に大きかったんです。TEA というアメリカの団体が発表していますが、世界テーマパーク入場者数ランキングでユニバーサル・スタジオは USJ が一位です[9]。

---

[9] TEA/AECOM, The Theme Index Museum Index 2018, 2019 年 10 月 26 日アクセス https://www.aecom.com/wp-content/uploads/2019/05/Theme-Index-2018-4.pdf 世界のユニバーサル・スタジオの入場者数は、多い順に、大阪（USJ）、フロリダ、ハリウッド、シンガポールである。

敷地面積などの制約がある中これだけ USJ が成功しているので、NBC ユニバーサルは私たちをリスペクトして下さっています。だから世間で思われている企業買収とは大きく違います。

筆者 それは素晴らしいですね。買収されて現場は大混乱で、アメリカから嫌な上司が押し寄せてきたのではないのですね。

津野 ないです。メリットとしては、NBC ユニバーサルが海外で作るコンテンツを少ない制約で日本に持って来られるようになり、USJ は新しいコンテンツを開発できるようになりました。USJ の状況は好転しました。

筆者 それは良かったです。ハリウッドに 5 年間（2012〜2017 年）お勤めになった方の話によりますと、コムキャストはとても儲かっている景気の良い会社で、コムキャストに吸収されてからアメリカのユニバーサル・スタジオ・ハリウッドに新しいアトラクションやビルがたくさん建てられて生き返ったそうです。大阪の USJ もコムキャストの恩恵を受けられましたか。

津野 これも具体的なことは言えませんが、コムキャストは利益率の高い CATV 事業をしている大企業です。USJ に無尽蔵に予算をくれるわけではありませんが、非常に寛大に USJ を受け入れてくれました。

USJ 退社後の動向は？

筆者 USJ 退社後はどうされていますか。

津野 契約上の守秘義務があって詳しくお答えできないのですが、テーマパークの開発をしております。一つのテーマパークに入社したのではなく、同時に数社の仕事をしています。何社かから声をかけて頂きました。今は個人事業主で、今後法人化するか迷っています。

筆者 内容はホラー、ゾンビ、ハロウィンなどですか。

津野 いいえ、テーマパーク全体の開発です。

筆者 今後はお化け屋敷やゾンビイベントのプロデューサーを続けるご予定ですか。

津野　依頼があれば、ホラー、ゾンビ、ハロウィンなどの仕事を続けたいと思います。今テーマパーク開発を進めながら、いくつかのイベントの話を頂いています。私は根本的にイベントやエンターテイメントが大好きですので、イベントの仕事をしながらテーマパーク全体の開発も進めていく仕事をさせて頂いております。

海外進出の予定は？

筆者　海外進出のご予定はありますか。

津野　海外からいくつかの話を頂いており、チャンスがあればやりたいと思っています。でも今はまず国内とアジアで頑張りたいと思っております。アメリカはエンターテイメント技術がすごく高いです。アメリカに行く前に国内とアジアで色々なプロジェクトに関わり、世界にエンターテイメントを発信できるようになりたいと思っております。

筆者　津野さんはホームページなどを作ってらっしゃらないですが、既存の人脈を通して依頼が来るのでしょうか。

津野　はい、そうです。忙しくてホームページを作れていませんので、色々な知り合いを通して声をかけてもらっています。テーマパークは日本、アメリカなど世界をひっくるめて広いようで狭くて、誰が何を作ったのか知られています。

マスコミ出演多数

筆者　USJ時代に多くのテレビに出られましたが、マスコミ出演OKにしていたのですか。

津野　私はマスコミ出演がとても苦手でしたが、私が担当したハロウィンイベントやホラーナイトの魅力をゲストに広く伝える一番確実な方法は、私がメディアに出てお話しすることだと信じておりました。

筆者　テレビ出演のおかげで仕事依頼は増えましたか。

津野　少なからず影響はあったと思います。でも今頂いているお仕事はマスコミ出演前に一緒に働いていたメンバーからがほとんどです。USJ で働いたために人脈が広がったのは間違いないです。USJ では PR という部署に出演依頼が来ます。PR とメディア各社でどのようなやり取りをしているのかは分かりません。決まったことだけ連絡がきます。

USJ の社風と方針

筆者　テレビで拝見していると、USJ は年功序列、終身雇用ではなく 40 代の方が多くご活躍で、比較的自由な社風に見えました。実際はどのような社風でしょうか。

津野　内部的な構造はお話しできないので、あくまで私個人の感想になります。USJ は退社した今でもとても素晴らしい会社だと思います。大きな組織なので縦割りの構造はありましたが、成功するという一つの共通目的を各部が負っていて、それを目指して進んでいく意欲が各部にありました。活躍の場、チャンスを必ず与えてもらえる会社でした。年功序列で入社順に大きいチャンスを与えるのではなかったです。

筆者　新しい上司として森岡さん[10]が入社され、彼の方が津野さんより年下ですが、なかなか無茶振りで、短期で納品、低予算、即結果を出さなければならないという方針だったので、大きなプレッシャーだったのではないでしょうか。

津野　プレッシャーはもちろんありました。森岡さんは人を動かす天才だったと思います。森岡さんは私の 2 つ年下ですが、誰に対しても敬語で話される方です。現場のクルー（アルバイト）であっても必ず敬語で話される方でした。自分のビジョンを必ずチームメンバーに伝え、そのプロジェクトが成功した時には必ずチーム全員に成功を分け与える人でした。とてもフェアな

---

[10] 森岡毅（もりおか・つよし）氏：2010 年に USJ に入社し、緻密なマーケティング戦略等により V 字回復の立役者の一人となった。

人でした。スケジュール的にも苦しいプロジェクトが多く、予算も潤沢には
ありませんでした。その中で自分たちが進むべき明確なルールが示されてい
ましたので、我々がそこを目指して進んでいく構図でした。問題が起きたと
きは森岡さんが全ての責任をとってくれました。そのため私たちは安心して
邁進できました。彼は決して部下のせいにしませんでした。障害は彼が除け
てくれました。例え相手が社長であってもです。グレン・ガンペル社長と森
岡さんが喧嘩しているのを何回も見ました。でもガンペル社長と森岡さんの
関係はとても良かったです。信頼しているからこその喧嘩です。皆が同じ目
標に向かって進んでいました。USJ での仕事はとても楽しかったです。公に
は出ていませんが、私はハリー・ポッターのグランドオープンのプロデュー
サーだったのですが、USJ の中で過去最高額（450 億円）のプロジェクトで
したので、社運を賭けていました。森岡さんが全てのリスクを引き受けるの
で津野さんのやりたいようにやって下さいと常に言ってくれました。それが
プレッシャーにはなりましたが。

筆者　津野さんはイベントの集客数や売上に責任を持ちますか。

津野　プロデューサーなので少なからず責任を持ちます。でも最も大きい責
任は集客数や売上ではなくゲスト満足度です。予算オーバーやスケジュール
が遅れることもありましたが、会社が最も優先して私に求めていたことは、
いかにゲストを満足させるかです。

筆者　顧客満足度はアンケート調査をするのですか。

津野　はい、そうです。イベント中は毎回アンケート調査をしました。

森岡氏の退職後

筆者　森岡さんが退社してから USJ の方針は大きく変わりましたか。

津野　いいえ、変わってないと思います。森岡さんが辞められるときに、個
人として悲しんでいる方はたくさんいました。彼が USJ に残していったもの
は彼の方針です。彼は「マーケティングをインストールする」とよく言いま

すが、我々は大もとの考え方を彼に教わりました。彼は細かい指示を全て出していたのではありません。彼の退社後も私たちのする仕事はさほど変わりませんでした。彼は豪快で、リスクをリスクと思っていない強気な人でした。私が色々な企画を考えて森岡さんのところに持っていったのですが、森岡さんは徹底的に話し合ってくれました。2012年、2013年頃はガンペル社長がファミリー層を取り込もうとしていた時期です。その時期に私はハロウィンにホラーナイトを企画しました。当時USJで家族連れに向かないホラーは好まれないコンテンツでした。でも森岡さんはホラーイベントをするなら中途半端なものではなく、本格的なものにしようと言ってくれました。森岡さんは雄弁な人ですが、口だけではなく本当に行動してくれる人でした。だからみんな全幅の信頼を置いていました。

筆者 森岡さんはご活躍されている最中に退職されましたが、なぜお辞めになったと思われますか。

津野 他の方のことですので、私が感じたことを言います。森岡さんはマーケターですので、ご自分の中でゴールを設定されていたと思います。マーケティングはUSJ限定の仕事ではありませんので、一生USJにとどまって働くスタイルではないと思います。私はご本人の部屋に呼ばれて辞めることをお聞きしましたが、さして驚きませんでした。

スーパー・ニンテンドー・ワールド

筆者 スーパー・ニンテンドー・ワールドにどう関わりましたか。これによって来場者数や収益にどのくらい影響があるとお考えでしょうか。任天堂エリアの展望や課題はどうでしょうか。

津野 これについてはお話できません。私はスーパー・ニンテンドー・ワールドに少し関わりましたが、退社が決まっていましたのでそれほど関わることはありませんでした。

絶好調なのに退職した理由

筆者 津野さんは苦しい時代に低予算でずっと頑張ってこられて、人気が出て高額の予算をかけられるようになってから退職されたのはなぜでしょうか。

津野 たくさん理由はありますが、一つはUSJでマネジメントをしたいのではなく、エンターテイメントを制作してゲストに提供する仕事をしたかったからです。それが私の仕事のスキルの中の唯一のものだと思っております。USJに長年勤め、組織が大きくなっていくとポジションが変わり、マネジメントも行うようになりました。私にとってはエンターテイメント制作が最も魅力的な仕事です。私はUSJで色々な仕事を経験させていただき感謝しています。USJは私にやりたい仕事を全部やらせてくれました。USJでやり残した仕事は無いくらいに何でもやらせてもらいました。その中で私はテーマパークをゼロから作り上げる仕事をしたいと思うようになりました。その夢が日に日に大きくなっていきました。そこで能力を上げて、また何かの機会にUSJで仕事をしたいと思っています。退職の時にそのように皆さんに言いました。別の規模のプロジェクトをいくつか経験したいと思っております。

筆者 ハリー・ポッターのような大型プロジェクトを成功させられる人はなかなかいないので希少価値があると思います。

津野 私一人で成功させたのではなく、大勢のメンバーが携わりました。一つひとつが本当に楽しかったです。当然忙しくて体力的に辛い時もありました。リハーサルなどはパーククローズ後にしなければいけないので、時間が不規則でした。特にイベントのオープン前は体力的に疲れましたが、フレックス制のような感じで、自由度は高く働かせてもらいました。USJに思い残すことはありません。

3．発見事項と考察

本章では、USJのイベントプロデューサー、津野氏にどのようにエンターテイメントを制作するのかインタビュー調査し、次の点を明らかにした。

第1に、津野氏は現場の火薬担当として入社し、プロデューサーというプレイングマネージャーになった。これはエンターテイメント部長にプロデューサーになりたいと直談判することで実現した。積極性や行動力があるからプロデューサーの職を得ることができた。資格職ではないので、USJの各プロデューサーはそれぞれの経緯でプロデューサーになった。

第2に、USJにはアメリカ人など外国人が多いため、同氏はアートの才能のみならず、英語力を磨くなど地道な努力もしてきた。大きいプロジェクトでは70〜80人が一緒に動くため、ビジネスマンとしてリーダーシップを発揮する必要がある。芸術家肌というだけではプロデューサーは務まらないだろう。

第3に、USJではクリエイティブ部門とマーケティング部門が一緒に動くことが多かった。需要予測を最初に立て、前年の顧客満足度とリピート率などを見て、今年の集客予想を立て、予算配分する。大量集客にはプロモーションが重要なのでCMに大きい予算をかける。

第4に、USJはコムキャスト買収の前後でほとんど方針が変わらなかった。コムキャストは利益率の高い巨大優良企業である。そのおかげでUSJの状況は好転した。コムキャストはUSJに敬意を払っている。買収されたメリットは、USJはユニバーサル映画のコンテンツを少ない制約で日本に導入できるようになったことである。

第5に、津野氏はUSJ退社後、個人事業主として複数のテーマパーク全体の開発の仕事をしている。テーマパークの開発を進めながら、いくつかのイベントの依頼を受けている。すでに海外進出の依頼も受けている。まずは国内、次はアジアに進出したいと考えている。アトラクションやショーの開発は狭い世界なので、誰が何を開発したのか業界内で知られている。知り合いを通じて仕事依頼が来る世界である。お互いに知り合いのため、しがらみが強いコミュニティであろう。

第6に、USJ では成功するという一つの共通目的を各部が負い、それを目指して進む意欲が各部にあった。活躍の場、チャンスを与えてもらえる会社である。年功序列で入社順に大きいチャンスを与えられるわけではない。USJ の V 字回復の立役者として有名な森岡氏が入社してから、短期で納品、低予算、即結果を出すという方針になった。森岡氏は人を動かす天才だと津野氏は言う。森岡氏はチームメンバーにビジョンを伝え、そのプロジェクトが成功した時にはチーム全員に成功を分け与えた。明確な方針が示され、全員がそこを目指す構図であった。問題が起きた時は森岡氏が全ての責任をとったため、従業員は安心して邁進できた。ガンペル社長と森岡氏の関係は良好であった。津野氏はイベントの集客数や売上にある程度責任を持ったが、最も大きい責任はゲスト満足であった。顧客満足度はアンケートを頻繁に実施することで測定した。

　第7に、津野氏の USJ 退職理由の一つは、USJ でマネジメント業務が増え、エンターテイメント制作業務が減ったからである。津野氏にとってエンターテイメント制作が最も魅力的な仕事である。津野氏は USJ でやりたい仕事を全部やることができた。津野氏はテーマパークをゼロから作り上げる仕事をしたいと思うようになった。

4．まとめ

　「安定を蹴るその生き様を私はもっと知りたいです。」

　これは津野氏のファンの 19 歳の女子大生から筆者に寄せられた質問である。この学生はまだ就職活動前なので安定を蹴る生き様を想像できない。

　津野氏のファン数名から USJ 退社の理由やその後の動向、USJ 時代どのようにエンターテイメントを制作していたのか知りたいからインタビューして欲しいという要望が筆者に届いたことが、本章執筆のきっかけとなった。彼らに厚く御礼申し上げる。

なお、社外秘につき次の項目にはお答え頂けなかった。USJ のアトラクションやイベントの予算などの金額、スーパー・ニンテンドー・ワールドの予算やコンテンツ、収益の見込みなど、コムキャスト買収後の経営方針などである。

第3章
別府市の「湯〜園地」でのイノベーションと長野市長

1．はじめに

　2016年11月、大分県別府市の長野恭紘（ながの・やすひろ）市長が架空の温泉遊園地「湯〜園地」（ゆうえんち）の動画[11]をYouTubeにアップし、100万回再生されたら実現させると公約した。これが報道され、話題を呼び、3日間で再生回数100万回を達成した。市長は公約を守るため実現させると発表した。そして2017年7月29日から31日の3日間限定で開催され、大盛況であった。湯〜園地プロジェクトは行政主導の地方創生、地方活性化、既存の中小テーマパーク活用として大成功事例であり、画期的なイノベーションとなった。

　長野市長はプロデューサーと名乗っていないが、企画立案、資金調達、人材獲得、広報などプロデューサーの業務を担った。

　本章では、湯〜園地プロジェクトの経緯と舞台裏を長野市長へのインタビュー調査により明らかにする。研究方法はインタビュー調査である。

2．インタビュー内容

＜概要＞

日時：2018年7月

インタビュイー：別府市長の長野恭紘氏（以降、市長）

インタビュワー：中島　恵（筆者）

---

[11] 湯〜園地とは別府市の「別府ラクテンチ」を温泉遊園地にする企画である。話題を呼び報道されたYouTube動画は「100万回再生で本当にやります！別府市・湯〜園地計画！ "1 Million Views Make it a Reality!" Beppu City Spamusement Park Project!」である。https://www.youtube.com/watch?v=UbMmhQYoAsM

湯～園地が報道されてからの変化

筆者 毎日ご多忙ですね。湯～園地が大々的に報道されてから急に公務が忙しくなりましたか。

市長 いいえ、そうでもありません。公務に関しては変化無しです。皆さんに湯～園地すごいね、すごいねと言われますが、我々にとってはむしろ「えっ、そんなにすごいの？」と思っているくらいです。

筆者 そうですか。私はテーマパーク経営の研究を続けてきましたが、湯～園地は日本初、世界でもほとんど類を見ない成功例だと思います。これだけ報道されて広報効果があったテーマパークは、私が知る限り初めてです。九州には他にもテーマパークがありますが、ハウステンボス以外は調子が良くないです。その中で湯～園地があれだけ注目され、成功したのは素晴らしいです。

政治家としてのタイプ

筆者 報道されたとたん大反響でしたか。

市長 はい、翌日から取材が殺到しました。

筆者 事前にマスコミにプレスリリースを打ったのですか。

市長 いいえ。別府 ONSEN アカデミア[12]といって、科学的に温泉の効果などを分析するシンポジウムがあります。そのレセプションで私が「別府市の新しい戦略を発表します」と言って、新政策として湯～園地動画について発表し、YouTube にアップしたら、レセプションの途中で Yahoo!のトップページに載りました。発表後 10 分か 15 分後に Yahoo!のトップページに載ったんです。載ったとたんすごいスピードでアクセス数が伸びていきました。そこから一気に爆発的に 100 万回再生されました。

筆者 それはすごいですね。市民も驚いたでしょうね。

---

12 別府 ONSEN アカデミア　2018 年 7 月 18 日アクセス　http://www.gokuraku-jigoku-beppu.com/entries/beppu-onsen-academia-2017

市長　それが別府市民の方が冷静に受け止めていました。ラクテンチや温泉など別府の資源を使えばできると思っていましたし、「市長がまた何かやっちゃったね」と思っていたようです。市外の人の方が驚いていたと思います。

筆者　長野市長は湯～園地報道の時に全国区の知名度になられたと思います。東京に来ると別府市長だとバレますか。

市長　バレルというか、知られているのかなと感じることはあります。だから何かあるかと聞かれると、特に何もありません。自分では全国区という自覚はありません。

筆者　前例踏襲ではなく大胆な施策をとりたいのですか。

市長　いいえ、私は大胆なことをしていると思っていません。別府の資源があれば実行可能なことをしています。決して無茶なことをしていません。

筆者　そうですか。今別府に最大で一晩に何人泊まれますか。

市長　1万2,000～5,000人です。でも昔のような団体旅行ではなく個人旅行ですので、一部屋に2人とすると1万人弱かも知れません。ここ1～2年間で1,000部屋以上増えますので、2,000人以上の宿泊者増をはかれます。それにここ数年のブランディングで別府市の価値や知名度が上がりました。湯～園地でよりブランド力や付加価値が上がったと思います。

筆者　はい、私もそう思います。それに長野市長の存在が全国の人に知られたと思います。

市長　あの、それなんですけど、私は出たがりだとみんなが言うのですが、本当は出たがりではありません。私は陽気な性格ではなく、どちらかというと一人で家にこもってじっとしていたいタイプです。でも市長として期待に応えないといけないという使命感と役割で出ています。

筆者　そうですか。市長や市会議員の家系ですか。

市長　いいえ、私が初代です。父は別の仕事をしています。

筆者　そうですか。世襲の政治家ではないのですね。

市長　世襲ではないです。世襲ならこんなことはできないです。逆に守りに入っちゃうかもしれません。

清川氏との出会いとコンセプト策定

筆者　動画プロデューサーで総合演出の清川さん（詳細は次章）とはどうやって知り合いましたか。

市長　別府市内のある飲食店経営者の紹介です。私はインスピレーションや感性を大事にしており、清川さんを一目見たとき雰囲気や立ち居振る舞いなどに「この人と絶対一緒に仕事をしていくな」「この人はやるな」と瞬時に感じました。そのとき私は別府のプロモーションを考えていましたので、清川さんに何案か提案してもらいました。私からのオーダーは**別府にあるものを組み合わせてプロモーション**を考えてもらうことでした。別府に縁もゆかりもない芸能人などを東京から呼んで別府をPRするのではなく、「別府市民にとって」楽しいプロモーションをしてほしいと言いました。清川さんに何案か作ってもらって、湯～園地計画は職員をはじめ皆が「これは無いですよね」と言って外そうとしたのを、私が「いや、これでしょ」と言って戻したのです。動画制作中に熊本地震が起こり、別府市民の気持ちが沈んでしまいました。そんな状況もあり、湯～園地動画はどちらかというと、プロモーションというより別府市民の気持ちを上げるために作った動画となりました。実は別府にお客さんを呼ぶための動画ではなかったのです。市民のお祭りは、地域の人が参加して楽しんで帰属意識を高めるためにあります。**地域振興**です。お祭りは自分達が楽しむためのものです。自分たちで楽しむお祭りをよその人が見てくれればより良いけど、仮によその人が見てくれないとしても、まずは自分たちが楽しむ、それが究極の目的です。

筆者　言われてみれば、イベントは商業的で、地域のお祭りは自分たちのお楽しみですね。そこから地域愛を育て、人口増加や税収増加につなげていくのですね。

市長　はい、そうです。別府市で人口増加対策をとっていますが、そんなに簡単ではないです。まずは別府に来て下さったお客様が別府を気に入り、何度か来る中でファンになっていただきたいと思います。別府に来て下さる方の数が多いことよりも、どれだけ別府を好きになってもらうかが重要だと思います。

筆者　ある層に向けて質の高い物を作ると、ターゲットにしない層からも高く評価されてファンがつきますよね。

市長　そうなんです。今回の湯～園地はまさにそうでした。

筆者　別府の外国人比率はどのくらいでしょうか。

市長　別府市全体で年間 1,000 万人くらいで、外国人はそのうち 60 万人くらいです。外国人のうちアジア人は 8～9 割くらいです。今ではスーツケースを引いた外国人が目立ちます。荷物を持った観光客は別府では自然の風景です。

筆者　ここ数年、九州では福岡の次に別府が目立ち、存在感が強いと思います。北九州は新日鉄の調子がそれほど良くないので、北九州より別府が目立つと感じます。

市長　そうですか。別府市は今、人口 11 万 8,000 人くらいですが、観光客は年間 1,000 万人弱です。京都で年間 5,500 万人くらいですから、別府は大勢集客できています。

筆者　東京ディズニーランドと東京ディズニーシーがそれぞれ 1,500 万人くらいですので、別府市が年間 1,000 万人弱集客できるのは立派です。別府は福岡空港から近くなくて、電車でも車でも移動に少し苦労します。それほど集客に有利な立地ではないのにすごい集客力です。

市長　福岡空港から別府まで電車でも車でも 2 時間くらいかかります。湯～園地には遠方からの方が多く、北海道、岡山、広島、埼玉など全国から来てくださいました。

筆者　そうですか。東京にはエンターテイメントの種類がすごく多いので、東京でイベントをすると集客が意外に難しいんです。地方はエンターテイメントの種類が少ないです。

市長　そうなんです。私は地方には東京にはない色あいや香りがあると思います。だから東京生まれの人も地方にノスタルジーを感じるのだと思います。地方は人の心を懐かしくさせる力があると思います。やっぱり地方はいいんです。テーマパークのグレードで勝負すると、ディズニーランドに敵わないですが、ラクテンチで湯〜園地をやったから良かったんです。

7月末の3日間限定営業にした理由

筆者　湯〜園地は2017年7月29〜31日の土曜、日曜、月曜に開催されました。3日間限定にしたのはなぜでしょうか。せめて夏休みいっぱい営業すれば良かったと思います。

市長　それには大きく2つの理由があります。安全の問題とボランティアの問題です。乗り物、特にジェットコースターが温泉の重量に耐えられるか分からなかったんです。安全の確保が一番大事です。ジェットコースターにお湯を張ると重さで昇らなくなるので諦めました。実験の結果、泡を入れるだけなら大丈夫だということが分かりました。でも少しでも危険だと分かったら中止するつもりでした。

筆者　テーマパークの乗り物の専門家の監修を受けましたか。

市長　はい。湯〜園地の場所を提供してくださった別府ラクテンチという老舗テーマパークが遊具メーカーですので、そういうことをするのは安全面で大丈夫なのか懐疑的でした。行け行けの我々と、懐疑的なラクテンチのバランスが良かったと思います。

筆者　ラクテンチは遊具メーカーだったのですね。

市長　はい、ラクテンチを運営するのは岡本製作所さんという大阪の会社でした。今年になってから地元の西石油さんという石油会社に変わりました。

筆者　8月末日まで営業した方がいいと分かっていたものの、安全面を考慮して3日間限定にしたのですか。

市長　それもありますが、市民のお祭りとして短期間集中して実施したほうが、みんなの思いが燃え上がると思いました。確かに1ヶ月間営業すれば利益が上がり、経済効果も出るでしょうけど、市民ボランティアは3日間限定だからこそ集中して頑張ってくれると思います。湯〜園地自体が架空を現実にしたテーマパークですので、お祭りとして一時的だから盛り上がると思います。湯〜園地を盛り上げようと集まったボランティアは1,200人にも上りました。地元を盛り上げてくれる人たちこそ別府の宝です。湯〜園地で育った別府を愛する気持ち、このDNAを次につなげていきたいと思っています。

筆者　ボランティアは清川さんが集めて、人事管理をされたのですか。

市長　地元でお祭りというと、いつも集まって盛り上げてくれる「まちの猛者」達がいるんですよ。彼らと清川さんにボランティア募集や管理をしていただき、融合していいものが生み出されました。

筆者　あれは地域のお祭りだったんですね。てっきり別府ラクテンチという調子の悪いテーマパークに大きく投資して、知名度を上げて、継続して稼げるテーマパークに変えようとしたと思いました。

市長　それが違うんです。ラクテンチは民間企業ですから、行政が民間企業一社だけに投資することは無いです。中途半端に手を出しても今後の責任をとれません。ラクテンチは別府で90年の歴史があるんです。私は祖母に連れて行ってもらった思い出があります。うちの親も親に連れていってもらいました。みんな大好きで思い入れのあるテーマパークなんです。もう一つは、ラクテンチが舞台となって地方創生が成功したことに価値があるのです。

筆者　そうだったのですね。報道を見ると、てっきり湯〜園地を常時稼げるようにするプロジェクトだと思いました。私は湯〜園地に行こうと検索しましたら、7月の第4週末でしたので、飛行機もホテルもものすごく高くて行けませんでした。羽田・福岡便は片道4万5000円前後、ホテルは博多や湯

布院の高額な部屋しか空いていませんでした。その上、あれだけ報道されている中で私が取材を申し込んでもほとんど相手にしてもらえないと思い、来場するのをあきらめました。

市長　世界中から 50 社近くのマスコミが来てくださいました。フランスやタイからも来てくださいました。アメリカからは取材は来ませんでしたが、動画がアメリカの色々なテレビ局で報道されたと聞きました。

筆者　それはすごいですね。広報大成功ですね。

市長　そうなんです。ある時点で計算されたところによると、<u>広報効果 100 億円以上</u>だったらしいです。もし広告だとしたら 100 億は軽く超えるようです。

ディズニーランド並の混雑

筆者　この規模の老舗テーマパークをディズニーランド並の待ち時間にしたのは本当に天晴れです。10 時開園なのに朝 7 時から並ぶというのはディズニーランド並です。私が香港ディズニーランドに行ったとき、10 時開園の日に 8 時に行ったら私が一番乗りでした[13]。今どきメリーゴーランドを 1 時間待ちのアトラクションに変えるというのは見事です。ディズニーランドでもメリーゴーランドはそれほど長く待ちません。スローなジェットコースターが 3〜4 時間待ちというのも見事です。

市長　ありがとうございます。10 時開園なのになぜ 7 時からお客さんが来たか分かりますか。それはラクテンチまでの輸送が間に合わないからなんです。猫のデザインのケーブルカーで輸送するのですが、一回に 50 人弱しか乗せられません。ケーブルカーはゆっくり昇っていくので、一日に 5,000 人となると、それだけで一日終わってしまいます。それで朝 7 時から入場を開始し、

---

[13] 筆者は 2014 年 1 月の平日に香港ディズニーランドを訪れた。朝 10 時開園なので 8 時に着くように行ったら、電車から降りた大量の若者たちはほぼ全員従業員の入口らしき部分に入っていった。筆者がその日一番に到着したゲストであった。香港ディズニーランドは東京ディズニーリゾートに比べて人気が今ひとつである。

「正面のケーブルカー」「山手の入口から」「徒歩」の3ルートに分散していただきました。実は歩いて行くことも可能です。できるだけ歩いて登っていただくために、歩いて登ってくださった方には、レッドブルの協賛によりエナジードリンクをプレゼントしました。また、登っていく間にところどころお笑い芸人や漫才師を配置しました。つまり歩いて登って行きたいと思う人が増えるように、歩いて登る人が楽しめるように工夫しました。

筆者 それはすごい工夫ですね。残念なことに、それについて報道されていませんでした。

市長 朝7時から登っていった人達が楽しめるように、パーティルームといってDJが音楽をかける広場を作り、そこで泡を掛け合って遊べるようにしました。

筆者 それは素晴らしい工夫ですね。ディズニーランドは開園前に着くとただ待つだけです。お笑い芸人は吉本の人ですか。

市長 吉本の人もいました。手品師などはボランティアで来てくれました。皆さんほぼノーギャラでやってくれました。ノーギャラでいいから湯～園地に参加したいと言ってくれる人がたくさんいました。待っている間も楽しめる工夫をしていました。例えば、女優ののんさん（旧芸名：能年玲奈）が「みんなストレッチの時間だよ」など、事前に声の収録をしておいて1時間おきにみんなでストレッチをしました。本人が来たわけではありませんが。それ以外にも、みんな水着で来ていますから、3時間待ちのところに「にわか隊」が行ってばんばん水を掛けました。その他、経口保水液を薬剤師会さんから提供して頂き、若手の薬剤師さん達が並んでいる人達に無償で配り、熱中症を出さないようにしました。つまり待っている間もエンターテイメントであり、クレームも全くありませんでした。

筆者 それはすごい取り組みですね。ウォルト・ディズニーが「プレショー」と呼んだのですが、ディズニーランドではアトラクションの始まる前にアトラクションの世界観に引き込み、待ち時間の暇と苦痛を緩和します。ディズ

ニーランドのプレショーはお客さんにオブジェや映像を目で見てもらうだけですので、湯～園地のプレショーの方が断然楽しそうです。

市長　しかもあの 3 日間は、私がたくさんテレビに出ていたので、待っている人が「あー、市長だ」と言って記念撮影を求めてこられました。つまり私自身がキャラクター化していました。私との写真撮影に長蛇の列でした。

筆者　それはすごい人気ですね。キャラクター・グリーティング[14]ですね。

市長　私が一人と写真を撮っていると、気づくと 10 人くらい並んでいました。

筆者　それはすごいです。他にキャラクター化した人はいましたか。

市長　あの時は私が一番テレビに出ていました。動画にも私が出ていました。広報マンとしては私が一番露出していました。

筆者　そうですよね。湯～園地が報道されて急に市役所の HP のアクセス数が増えましたか。

市長　はい、増えました。別府市は通常の HP と観光用の HP を持っています。観光用の HP のアクセス数は相当伸びたと思います。

筆者　湯～園地の売上よりも長く続く広報効果がありましたね。湯～園地の売上で稼ごうとしていませんね。

市長　はい、そうです。湯～園地は施設の規模が小さいので多くても一日に 5,000 人しか入れられません。多く入れてもアトラクションに乗れませんので楽しめません。最初から多くても一日 5,000 人までと決めていました。3 日間で最大 1 万 5,000 人です。だから<u>直接的な売上を上げることを目指さず、別府市の知名度やブランド力を上げる戦略</u>でした。

筆者　湯～園地のお客さんは別府の温泉に泊まってくれましたか。

市長　はい、あの期間は満室でした。

---

14 キャラクター・グリーティング：キャラクターと会い、握手したり写真撮影すること。ディズニー用語として始まり、多くのテーマパークに普及した。

湯～園地はレガシーを残す

市長 YouTube 動画を見た皆さんが思っているのと違って、行き当たりばったりで湯～園地を計画したのではありません。実は綿密に計画されたもので、レガシーを残せるものになっていました。

3．発見事項と考察

　本章では、湯～園地プロジェクトの経緯と舞台裏を長野市長へのインタビュー調査により明らかにした。

　第 1 に、マスコミにプレスリリースを打って同プロジェクトを知らせたのではなく、シンポジウムで別府市の新戦略の一部として発表し、動画をアップしたら 10 数分後に Yahoo!のトップページに載り、そこから急速に注目され始めた。Yahoo!のトップページに載る効果は絶大である。

　第 2 に、同プロジェクトはテーマパーク単体の戦略ではなく、市政の新戦略の一部であった。筆者は、ラクテンチへの大規模な投資と再開発により常時稼げるテーマパークに変える戦略だと思っていた。マスコミ報道では、別府市の新戦略の一環と分かるように説明されていなかった。おそらくニュース番組のディレクターや新聞記者にうまく伝わらなかったか、そこまで詳細に伝える必要は無いと判断されたのだろう。報道は限られた時間または文字数で必要最小限のことを伝える。同プロジェクトは広告効果 100 億円（試算）を超える広報となった。海外でも報道された。筆者の知る限り、テーマパークを舞台にした地域のお祭りがこれほど成功したケースは他に無い。

　第 3 に、長野市長は前例踏襲ではなく新規プロジェクトを立ち上げ実行するタイプの首長である。政治家の家系ではなく、長野家で初代の政治家である。政治家の家系ならば強いしがらみで大胆な政策をとりにくいだろう。

　第 4 に、市長は地元の飲食店経営者の紹介で清川氏に出会い、直感でこの人と仕事をすると感じ、別府市のプロモーションを依頼した。別府に無関係の芸能人によるイベントではなく、別府にあるものを組み合わせて市民にと

って楽しいプロモーションを考えてもらった。湯〜園地は別府全体のプロモーションの一企画であった。熊本地震で元気を無くした市民の気持ちを上げるお祭りだった。市民が楽しみ、震災と風評被害で落ち込んだところに活力を与え、パワーを引き出すことを目指した。そこに群を抜いた広報効果が伴ったのである。市外の人を呼んで儲けようと思っていなかったことがプラスに働いた。市民向けのお祭りが、市外の人にも魅力あるプロジェクトに映った。東京ディズニーリゾートと別のコンセプトなので、比較されにくい。

　第5に、湯〜園地は継続的なテーマパークではなく、3日間限定にしたのは地域のお祭りだからであった。ラクテンチは民間企業なので、行政が投資することはない。地方創生の舞台にラクテンチを選んだのである。3日間限定にした理由は、遊具が長期間耐えられるか不安であったこと、3日だけだからボランティアが燃えて盛り上がるからであった。地元を愛し行動に移す気持ちを育て、別府に貢献する人材を増やすことが最大の目的であった。

　第6に、湯〜園地はディズニーランド並の待ち時間を記録した。最大5,000人が入場すると、乗り物に乗られない人が多いので、乗り物に乗っていないときも楽しめるエンターテイメントをたくさん用意した。市長がマスコミ露出によりキャラクター化し、市長との写真撮影がキャラクター・グリーティングとなった。薬剤師会やレッドブルの協賛でドリンクを無料で客に提供した。芸能人や手品師によるパフォーマンスで客とボランティアが一緒に楽しむことができた。これら「手作り感」は、言わば「古民家」のような暖かみのあるテーマパークになった。東京ディズニーリゾートが東京湾岸のタワーマンション群だとすると、湯〜園地は古民家カフェ、古民家民宿である。タワーマンションを建設し、所有、運営できる人はほんの一部である。古民家カフェ・古民家民宿は多くの人が参入可能な業態である。同プロジェクトは他の自治体や中小企業に実行可能なビジネスモデルである。新規かつ独自のビジネスモデル構築となった。

第 7 に、同プロジェクトは 100 万回再生されたら実行すると公約したため行き当たりばったりと感じるかも知れないが、実は綿密に計算されていた。湯〜園地単体が成功し、収益を上げ、その期間だけ来場者を増やすことを目指すのではない。地元を盛り上げる気持ちからこのような活動をしてくれる市民を増やすことが最大の目標の一つである。3 日間華々しく咲いて終わった方が伝説になる。

４．まとめ

　別府市の湯〜園地プロジェクトは伝統ある老舗テーマパーク「別府ラクテンチ」の大規模修繕と知名度向上で稼げるテーマパークに変えるプロジェクトかと思われたが、実は地域住民のためのお祭りだった。

　長野市長はプロデューサーと名乗っていないが、プロデューサーの業務である企画立案、資金調達、人材獲得、広報などを行った。首長がプロデューサーとなり地域振興を成功させたケースとなった。

　同プロジェクトから学んだことから、低迷する中小テーマパークへ次のことを政策提言できる。それは、①強力なリーダーに権限委譲、②税金に頼らずクラウドファンディング・ふるさと納税・寄付金などを活用することで経済的に自立、③郷土愛あるボランティア人材の協力、④行政が民間企業に投資できないためお祭りの舞台にすること、⑤ディズニーや USJ と完全に異なるコンセプトにして比較されないこと、⑥短期集中である。

　同じ設備を使えば、湯〜園地は温かい季節ならば常設テーマパークにできるだろう。泡を張ったジェットコースター等の安全面を補強すれば、毎年実施可能ではないか。今度はボランティアではなく、従業員を雇うことができれば雇用創出となる。一日に 5,000 人ではなく、500 人を目指し、速いペースで色々乗り物に乗れれば満足するだろう。小規模なテーマパークならば、2 時間で全部まわれるだろう。そこで 1 回 2 時間制で成功しているレジャー施設が「三鷹の森ジブリ美術館」（東京都三鷹市）と「藤子・F・不二雄ミュー

ジアム」（神奈川県川崎市）である。大人 1,000 円で、10 時から、12 時から、14 時から、16 時から入場できる。入れ替え制ではないので 2 時間以上いても追加料金は無い。キャラクターグッズ販売と飲食店があるため、長時間滞在すると客単価が上がるだろう。これらはミュージアム型で、乗り物が無いため大人 1,000 円で可能である。湯〜園地は大人 1,000 円では不可能であるが、値下げして、1 日料金ではなく 2 時間料金にしたらどうか。日本でテーマパークというとディズニーランドを思い浮かべるため、最初から 1 日遊べると思っているせいか、小型のテーマパークでは「お客さんが 2 時間しかもたない」と聞く。それならば最初から 1 日のレジャーとせず、2 時間のレジャーとして価格を下げたらどうだろうか。

　同プロジェクトは中小規模で低予算という悪条件を創意工夫で克服し、抜群の広報効果を得て成功した。中小テーマパークや地方自治体、地方創生、地域活性化など様々な分野に多くの示唆を与える画期的なイノベーションとなった。

第4章
別府市の「湯～園地」におけるアトラクション開発
—動画プロデューサーで総合演出、清川進也氏の貢献—

1．はじめに

2016年11月、大分県別府市の長野恭紘市長（第3章）が架空の温泉遊園地「湯～園地」（ゆうえんち）の動画をYouTubeにアップし、100万回再生されたら実現させると公約した。これが報道され、話題を呼び、3日間で再生回数100万回を達成した。市長は公約を守るため実現させると発表した。

そして2017年7月29日から31日の3日間限定で開業され、大盛況であった。湯～園地プロジェクトは行政主導の地方創生、地方活性化、既存の中小テーマパーク活用として大成功事例であり、画期的なイノベーションとなった。

本章では、湯～園地のアトラクション開発を清川進也（きよかわ・しんや）氏へのインタビュー調査により明らかにする。清川氏は湯～園地の動画プロデューサーであり、総合演出も担当した。

2．インタビュー内容

＜概要＞

日時：2018年7月17日 22:30～23:50

会場：東京都渋谷区の飲食店

インタビュイー：清川進也氏

インタビュワー：中島 恵（筆者）

清川氏の職業

筆者 清川さんのご職業は何ですか。

清川 音楽作家です。作詞家、作曲家です。それとテレビ CM、映画、舞台などの音を作る音響です。福岡の音楽事務所に作詞家、作曲家として登録されています。東京にも事務所があって、普段は東京で仕事をしています。

筆者 湯〜園地成功で仕事は増えましたか。

清川 音楽作家としての仕事は変わりません。湯〜園地と音楽作家の仕事は全然違います。

筆者 清川さんは**芸術家肌**ですか。**技術者肌**ですか。

清川 どちらの要素も持っています。時と場合によって分けています。演じているという言い方の方が適しています。

別府市長との出会い

筆者 清川さんと別府市長を紹介した飲食店経営者 F さんとどのように知り合いましたか。

清川 湯〜園地の動画制作の 1 年前（2015 年）、私は大分県 PR の「シンフロ」という動画を制作させていただきました。それは別府市ではなく、大分県のプロモーション動画です。温泉の中でシンクロナイズドスイミングをするということは決まっていましたが、それ以上は何も決まっていませんでした。私はその動画の音を担当しました。その時、大分に 3 ヶ月ほど滞在しましたので、F さんの店によく食事に行きました。あるとき F さんに別府市の長野市長とホリエモンさん（堀江貴文氏）をご紹介頂きました。

筆者 F さんは市長と知り合いということは、地方の名士ですよね。堀江さんともお知り合いですものね。

清川 はい、地方の名士です。湯〜園地ではお湯を掛け合ったのですが、このアイディアがどうやって出てきたのと言うと、堀江さんがその少し前にタイの「ソンクランの水掛け祭り」（有名な大規模なお祭り。観光資源になっ

ている）に参加したそうです。お祭りでお湯を掛け合えるのは別府ならでは
ですね、という会話をしました。

筆者　堀江氏のアイディアが一部湯～園地に活用されたとは思いませんでし
た。そうやって何人かの紹介を経て仕事に繋がっていくということは、清川
さんは人脈構築がお上手ですよね。

清川　自分ではそれほど上手だと思っていませんが、誰かとの出会いが仕事
に繋がっていきますね。

筆者　清川さんが福岡県飯塚市出身で九州文化に詳しいことはプラスに働き
ましたか。

清川　はい、とてもプラスに働いたと思います。昔、飯塚は炭鉱の街として
潤って、富を得た人が別府に別荘を持ったんですよ。

市長が主に報道されたけれど主役は地域住民

清川　市長があの動画が 100 万回再生されたら実施決定と発表した翌日から
マスコミ取材が殺到しました。あれは誤算でした。まさか翌日からあんなに
注目されると思いませんでした。準備できていなくてパニックでした。

筆者　そうですか。私も報道されてすぐに取材を申し込みたかったのですが、
あれだけ報道されているということは取材が殺到していると思い、埋もれる
のでやめました。清川さんにも取材が来ましたか。

清川　はい、来ました。でも湯～園地は地元の人たちが作り上げたプロジェ
クトですので、私はあまり出ないようにしていました。それでも本当は黒幕
がいるんじゃないのという質問はありました。

筆者　そういうことですか。実は東京からプロデューサーを呼んで作っても
らったと思われない方が良かったのですね。

清川　そうです。地元を盛り上げてくれる人たちが主体的に動いてくれたこ
とに価値があります。私が主導して、マスコミに出て、3 日間のプロジェク
トが終わって別府の街を去ったら、別府に何も残らないです。地域のために

活動してくれる住民が増えて、その後もずっと別府のために活動してくれることが大事です。

地元の人の視点・都会の人の視点

筆者　清川さんは別府に郷土愛はありますか。

清川　はい、今では十分に郷土愛があります。でも最初からあったわけではありません。湯〜園地動画制作の1年前に大分県の地域振興の動画を制作するために長く滞在しました。その時に私は2つの視点を持つようになりました。一つが地元の人の視点、2つ目が都会の人から見た視点です。私は動画制作のために地元の「音」を集めました。地元の人は何とも思わない音が、都会の人にとっては価値ある音なのです。地元の人から都会の人に視点を切り替えるだけで価値が変わるものがたくさんあります。ラクテンチも同じです。ラクテンチは、地域の人たちは懐かしい思い出があって今も行くのですが、小型のレトロな遊園地ですので、ディズニーランドのように競争力があるわけではありません。おじいちゃん、おばあちゃんに連れて行ってもらった思い出のある遊園地です。あの風景はカメラを回したときに加工しなくても使えます。加工しなくても使えるものは最大に価値があると思います。

筆者　言われてみればそうですね。ラクテンチでは1,200人のボランティアを合わせて湯〜園地が構成されて、とても魅力的でした。

清川　はい、1,200人のボランティアには本当に感動しました。私が一番感動したことの一つが1,200人もの人がボランティアに来てくれたことです。

地元のリーダー達と清川氏の関係

筆者　地域のお祭りでいつも指揮をとる立場の人が、湯〜園地でも指揮を執ったのですか。市長、清川さん以外のリーダーはいましたか。

清川　はい、いました。別府市には毎年80くらいのお祭りがあって、そのお祭りの指揮を執る方がいらっしゃいます。湯〜園地プロジェクトの実動部隊

は15人くらいです。その中で主に3人の民間の人たちが、毎年80くらいのお祭りの歴代の実行委員長で、この方々がメインに活動して下さいました。

筆者　清川さんとこの方々の人間関係はうまく行きましたか。

清川　はい、お陰様でうまく行きました。

筆者　うまく行って良かったですね。清川さんは人間関係を築くのがお上手なのですね。

清川　それほど上手いわけではありません。でも私は地元の方とうまく行く自信がありました。それは私の普段の仕事スタイルにあります。私がこの仕事を初めて間もない頃に教わった大事なことなのですが、私の仕事は一案件2〜3ヶ月間で新しいメンバーでチームを組んで、その仕事が終わったら解散し、また次の仕事に行きます。最初に会ったときに相手の良さや尊敬できるポイントを見つけ、尊敬します。お互いに尊敬し合える関係になると、その後の人間関係もうまく行きます。別府で毎年たくさんのお祭りを実行するのは素晴らしいことだと思いました。彼らの尊敬できる点を色々見つけ、全身全霊で尊敬を示しました。私は「東京から来た新人」でしたので地元の人に受け入れてもらえるよう頑張りました。もし逆の立場だったらと考えると、東京の人が来て威張っていたら嫌だと思います。

筆者　それは素晴らしいことですね。長所を認め合える関係は理想的ですね。新しく出会った人の長所を見つけるのは簡単ではありません。私も見習いたいです。

清川氏が制作したアトラクションは物語ありき

筆者　この中で清川さんが関わったアトラクションはどれですか（表1）。

清川　全て私のアイディアで作りました。

筆者　何を参考にしましたか。どこのテーマパークのアトラクションを参考にしましたか。

表 1：実施されたアトラクションと内容

アトラクション名	内　　容
絶景！湯〜覧吊り橋	大露天風呂とアトラクションを結ぶ長さ 150 メートルの吊り橋が掛け湯に
散泉飛行！スプラッシュグライダー	バーから温泉が噴射。飛行機を操縦しながら空中温泉
絶叫！かけ湯スライダー	全長 100 メートル。世界一の温泉湧出量を誇る別府ならではのスライダー
Oh 極楽！遊べる地獄大露天風呂	プールに別府 8 湯の温泉を特製ブレンド。泳げる大浴場
湯めぐり！温泉メリーゴーランド	メリーゴーランドの馬車が湯船に。老若男女が楽しめる
熊八ゾンビハンティング幽〜湯〜列車	列車に乗りながら温泉鉄砲で熊八※のゾンビを撃ち抜け
OU と対決！元祖あひるの競走	足湯に漬かりながら名物あひるの競走を見物。OU の予想と勝負
湯〜園地名物！温泉バブルジェットコースター	座席に温泉成分入り泡。走行中、泡が宙を舞う

出典：2017/07/19 日刊スポーツ「「湯〜園地」実現」

※油屋熊八：1863 年生まれ、別府観光の生みの親。別府駅前に銅像がある。

清川　何も参考にしていません。私のアイディアです。私が意識していたことは、まず高額の予算を投じて作るのではないので、参加して下さるボランティアがアトラクションになることです。二つ目はコンサートと同じで、あの場所にお客様がどう入ってきて、どういう導線でどういう動きをして、ピークポイントはどこかなどです。温泉遊園地ですから、お客様にずぶ濡れになって頂こうと思いました。最初の吊り橋を渡らないと入園できないので、

その吊り橋に150本のノズルから温泉を浴びるアトラクションを作りました。全て**物語ありき**にしました。

筆者 言われてみると**物語ありき**のアトラクションですね。ウォルト・ディズニーの方針で、ディズニーのアトラクションも映画の物語を表現しています。でもディズニーのアトラクションでは、<u>アトラクション開発者の人間関係、人生模様、情熱</u>などは関係ないです。そこが違いですね。

清川 そうです。湯〜園地のアトラクションに地域住民が出てくるのです。

筆者 そうですよね。ディズニーでもここ 10 年くらいお客さん参加型が一部出てきています。抽選で選ばれたお客さんがダンスショーに参加できます。でも全国からのお客さんですので、地域住民の郷土愛などは関係ないです。

清川 そうなんですか。あの動画が 100 万回再生を達成したら実現するとしたのは、視聴者の主体性を引き出すことが目的でした。あの動画を制作したのは 2016 年で、地方創生動画バブルで、大量に制作されていました。動画の多くはありきたりの内容で、しかも動画が完成したらプロジェクト自体が終わっていました。地域を盛り上げるために作る動画なら、なぜ動画完成後にプロジェクトが終わってしまうのだろうと思いました。

筆者 それは映画でいうと、映画を作ったら終わってしまい、見てもらうためのプロモーションをしないということですね。

清川 はい、まさにそういうことです。YouTube が出てきてからというもの、世界中で毎日大量のコンテンツが制作されていて、ほとんど見られていません。100 万回再生で実行するということは、視聴者が 1 回クリックして 1 回再生することは、一票を投じたということなのです。

筆者 すごいアイディアですね。

清川 はい、うまく当たってくれました。私たちの音楽制作や企画の根本的なテーマは問題解決なんです。問題があるから、それをどう解決するかを考えるのがテーマです。世間では動画が多すぎて素通りされるのですが、再生することで一票になるのは視聴者に「自分事化」してもらうための仕組みで

す。資金が多くないので、地域住民にボランティアで参加してもらい、彼らが主役で、一番目立つポジションにいて、みんなヒーローになれて、一番美味しいものを食べられる、これなら大勢を集められると思います。

筆者 そういうことですか。それは素晴らしい地域振興策です。そして動画が生きていますね。出版業界も全く同じで、毎月大量の本が出版されているのに読んでもらえない、本が売れないのです。音楽業界では CD が売れない時代なのに、毎月大量の CD が発売されていると思います。売れている CD は AKB48 商法などで別の目的（握手会）で購入されています。アクセス数が多いものは炎上商法で、邪道なことをして注目されるように仕掛けているケースが多々あります。私はこの YouTube 動画がニュースで報道されたとき、すぐにクリックしました。再生するにはほとんどお金がかかりませんが、別府の湯〜園地まで行くとなるとすごくお金がかかります。若い人が好奇心で再生すれば 100 万回は達成されます。でも本当に集客できるのか、全国から別府まで行くのか、と不安でした。3 日間のお祭りとは思いませんでしたので、継続して集客できるのかと思いました。

清川 もっと長く営業してほしいと言う声がありました。今でも湯〜園地を今年（2018 年）もまたやって欲しいという声があります。湯〜園地は、実はもっと大きい**「遊べる温泉都市構想」というプロジェクトの一環**でした。遊べる温泉都市構想とは、別府市を巨大なテーマパークとし、湯〜園地が第一弾として実現されたという物語なのです。湯〜園地の前に熊本地震（2016 年）があり、風評被害で急にお客さんが減ってしまい、別府の街自体に元気がありませんでした。私はその様子を見て、街というのは人なんだなと思いました。今から街全体を遊べる温泉都市にしようという構想があるのに、一ヶ所、ラクテンチのみ成功させるのではなく、「人が成功する」ことが重要だと思いました。小さいことでもいいので成功体験を積み重ね、色々なことに挑戦しようと思う人が増えることが大事です。

アトラクション開発は感性を刺激し合う創作活動

筆者 テーマパークのアトラクション開発や、改良して違う乗り物にする仕事はこれまで携わってきましたか。

清川 いいえ、これが初めてです。テーマパークではなく、イベントの舞台やショーの音響などを担当したことはあります。

筆者 今後テーマパークのアトラクションの音響を依頼されたらやりますか。例えば、鳥の鳴き声など、色々な音がアトラクションで流されています。

清川 はい、依頼されれば私なりのやり方で引き受けると思います。その音を録音してきて流すだけなら誰でもできます。そうではなく、私ならではのやり方をしたいと思います。私は自分一人では何も作れないと思っています。自分一人で制作すると、自分の事前の想像を超えるものは作れないと思います。それで自分の制作に人をどんどん巻き込んでいくのです。意思疎通などで大変なことが多いですが、それでも色々な人が感性を刺激してくれます。私も他の人の感性を刺激していると思います。そこで生まれる相乗効果が新しいものを作り出すと思います。湯〜園地はまさにそうやって作られたと思います。最初にイメージしていたものとまったく別のものが出来ました。

筆者 そうだったんですか。私は本当に湯〜園地を実現できるのか、テレビやネットでの報道を見ながらドキドキ、ビクビクしていました。湯〜園地はてっきりラクテンチに投資して活性化しようとしたと思いましたが、3 日間の地域のお祭りだったんですね。

清川 そうなんです。ラクテンチの活性化ではないんです。最初から短期間のお祭りと決まっていました。ラクテンチには刺激的なアトラクションがあるわけではないのですが、お客さんを満足させるのは乗り物の精度ではないです。例えば、地域のボランティアが 1,200 人も参加してくれましたので、入口から最初のアトラクションまでの道の両側に立ってもらって、うちわで扇いでもらうだけで立派なアトラクションになりました。本当ならば大金をかけて魅力あるアトラクションをたくさん作ってお客さんを喜ばせるのでし

ょうけれど、湯～園地は地域のボランティアの人たちがアトラクションそのものでした。

一番の難題は情報統制　～ネットに書くことを禁止～

清川　アトラクションを作っているときは、言葉で説明できませんでしたが、その後気づきました。アトラクション制作は音楽を作るのと全く同じです。音楽の構造は「緊張と緩和」の連鎖です。緊張するハーモニーが来て、次に緊張を緩和するようなハーモニーが来る、それによって聞いている人たちがキュンとくるのです。音楽はその連続です。曲全体を通して、大きく緊張するハーモニー、次にそれを緩和するハーモニーが来るのです。それで聞いている人は、ホッとしたり、感動したり、涙が出たりするのです。それと同じで、昔ながらのジェットコースターが3時間も並ぶアトラクションになったのは、緊張と緩和の成功によると思います。湯～園地で一番気をつけていたのは**情報統制**でした。動画100万回再生でマスコミに注目されて、本当に実現できるのかと思われていました。湯～園地制作途中の様子が報道されてしまうと、この緊張と緩和が失われるのです。

筆者　そうですよね。私も動画100万回再生で市長が実行すると公約したところまでしか報道されていなかったので、本当に実現できるのかハラハラドキドキ、おっかなびっくりでした。

清川　そうですよね。実態の無いものを作っている最中に、これだけメディアが注目してくれたので、未完成の段階で報道されてしまうと、私がイメージする緊張と緩和が失われるのです。絶対に情報を外に漏らさないことが私、スタッフ、ボランティアの間のルールでした。ボランティアが集合してのミーティングで私はそのように説明しました。未完成の湯～園地をマスコミに出すことで、私が思い描く「緊張と緩和の落差」が小さくなってしまいます。だからしっかり情報統制して、完成するまで絶対にマスコミに出さないことが全員のルールでした。

筆者 それはすごいアイディアですね。それで 100 万回再生されて実行すると市長が発表してから全くどうなっているのか不明だったんですね。それで一般のボランティアの方も SNS や口コミサイトに書くなど、情報を漏らすことが無かったのですね。

清川 はい、そうです。1,200 人のボランティアが集合してのミーティングで説明したのですが、うちわを一人二つ持って扇げば風の出るアトラクションになり、叩けば音が出て楽器になります。これだけの人たちが集まって一つのルールに沿って同じことをして、お客さんを喜ばせる、それが湯〜園地です、と説明しました。

筆者 素晴らしいコンセプトですね。1,200 人のボランティアを統制するのは難しかったでしょうね。

清川 はい、難しかったですが、皆さん別府を盛り上げる、湯〜園地を盛り上げるという目標に向かって頑張って下さいました。

資金調達機能だけではないクラウドファンディング

筆者 クラウドファンディングはどなたのアイディアですか。

清川 市長のアイディアです。

筆者 若い市長は出すアイディアが違いますね。もっと年配の市長ならクラウドファンディングを思いつかないと思います。清川さんは金融に詳しいですか。

清川 いいえ、全然詳しくないです。

筆者 プロジェクトの費用はどうする計画でしたか。

清川 私は別府市から補助金をもらえると思っていました。お祭りなので地域企業の協賛金があると思っていました。市長が税金や補助金ではなくクラウドファンディングと言ったときは本当に驚きました。クラウドファンディングにして大正解でした。クラウドファンディングの良さは 100 万回再生の仕組みと全く同じで、投資することで「自分事化」してもらえることです。

筆者　確かにそうです。他のテーマパークの次のアトラクションがどういうものになるのか他人事です。「自分事化」して関心を持ってもらうのはいい方法ですね。

３．発見事項と考察

　本章では、湯～園地のアトラクション開発を動画プロデューサー清川氏へのインタビュー調査により明らかにした。

　第１に、清川氏が湯～園地のアトラクション開発を担当した。湯～園地動画制作の１年前、清川氏は大分県の地域振興動画を制作するため長く滞在し、２つの視点「地元の人から見た視点」と「都会の人から見た視点」を持つようになった。地元の人は何とも思わないものを都会の人にとって価値あるものに変えた。湯～園地は今流行りの古民家カフェ・古民家民宿のような魅力を持つといえる。湯～園地の「手作り感」は、言わば古民家のような暖かみのあるテーマパークである。東京ディズニーリゾートが東京湾岸のタワーマンション群だとすると、湯～園地は古民家カフェ、古民家民宿である。タワーマンションを建設し、所有、運営できる人はほんの一部である。古民家カフェ・古民家民宿は多くの人が参入可能な業態である。同プロジェクトは他の自治体や中小企業に実行可能なビジネスモデルである。新規かつ独自のビジネスモデル構築となった。

　第２に、清川氏が制作したアトラクションは物語ありきである。清川氏は他のテーマパークのアトラクションを参考にせず、独自のアイディアで開発した。新規アトラクションではなく、既存のアトラクションの大幅な改良であった。湯～園地のアトラクションは全て物語ありきでつくった。低予算の中、ボランティアが 1,200 人いたので、ボランティアをアトラクションの一部とした。生前のウォルト・ディズニーの方針で、ディズニーのアトラクションはディズニーアニメをモチーフにした。その中に開発者の情熱や人間関係、人生模様などは登場しないので、湯～園地と対照的である。

第3に、あの動画が100万回再生されたら実行するとしたのは、視聴者に参加してもらうためであった。この頃、地方創生動画ブームで大量に制作されるものの、動画自体のプロモーションは無く、ほとんど見られずに流れていった。動画を再生することが一票になるのは視聴者に「自分事化」してもらう仕組みであった。

第4に、アトラクション開発は「緊張と緩和」の連鎖だと清川氏は気づいた。音楽の構造は「緊張と緩和」の連鎖である。曲全体を通して、大きく緊張するハーモニー、次にそれを緩和するハーモニーが来る。それにより聞いている人は心を動かされる。昔ながらのジェットコースターが3時間並ぶアトラクションになったのは、緊張と緩和の成功によると清川氏は考えている。湯〜園地プロジェクトで一番気をつけていたのは、情報がマスコミやネットに流されないことであった。本当に実現できるのか関心が高まっていたので、制作途中の様子が報道されると、この緊張と緩和の落差が小さくなる。

第5に、市長のアイディアであったクラウドファンディングは資金調達の機能だけではなく、投資した人がこのプロジェクトに一票を投じ、「自分事化」する仕組みとなった。また税金を使わないで成功させる地方行政のモデルケースとなった。

第6に、湯〜園地は一つの単体プロジェクトではなく、別府市全体の「遊べる温泉都市構想」の一部であった。これは別府市で長く続くプロジェクトとして存在している。

4．まとめ

1,200人のボランティアがアトラクションそのものになるというアイディアは、低予算で成功させる画期的なアイディアであった。小型のテーマパークが魅力的に映るのは難しい。特に日本人とアメリカ人はテーマパークというとディズニーランドを思い浮かべ、比較する。スローで小型のジェットコースターを3〜4時間待ちのアトラクションに変えたのは見事な手腕であっ

た。高額の予算をかけられない湯〜園地がこれだけ成功したのは、アトラクションのスペックの高さだけが魅力ではないことを物語っている。

　日本中にたくさんある中小規模のテーマパークがディズニーと直接競合しないためには、全く異なるコンセプトを持つ必要がある。ラクテンチは例えると、古民家カフェや古民家民宿のような存在である。すでにある古民家を魅力的にリノベーションする。古民家カフェ、古民家民宿は多くの人が参入可能な業態である。同プロジェクトは他の自治体や中小企業に実行可能なビジネスモデルである。新規かつ独自のビジネスモデル構築となった。

　湯〜園地プロジェクトは高く評価され、次の3つの大きな賞を受賞した。①第71回「広告電通賞」の「アクティベーション・プランニング電通賞」[15]、②日経トレンドの「マーケター・オブ・ザ・イヤー2018」[16]、③日本マーケティング協会の「第10回日本マーケティング大賞」の「地域賞」である[17]。

---

[15] 電通「第71回　広告電通賞　入賞一覧表」2018年9月6日アクセス
https://adawards.dentsu.jp/assets/daaDownload/daa71/71list_180801.pdf
[16] 日経トレンド「マーケター・オブ・ザ・イヤー2018」"あり得ない公約"で拡散　税金を使わず「温泉×遊園地」を実現」（2018年06月13日）2018年9月6日アクセス　https://trend.nikkeibp.co.jp/atcl/contents/18/00003/
[17] 日本マーケティング協会「第10回日本マーケティング大賞」2018年9月6日アクセス　https://www.jma2-jp.org/jma/award/

第5章
お化け屋敷プロデューサー、
五味弘文氏のお化け屋敷制作方法

1．はじめに
　筆者は『情熱大陸』（TBS 系列）に「お化け屋敷プロデューサー」として登場した五味弘文（ごみ・ひろふみ）氏を初めて見た（2015 年 8 月 9 日放送）。その時、世の中にはこういう職業の人がいるのかと衝撃を受けた。その後、度々テレビで五味氏を拝見した。五味氏は東京ドームシティ　アトラクションズ（旧・後楽園ゆうえんち）を筆頭に毎年色々なお化け屋敷を制作している。

　本章では、お化け屋敷プロデューサーとして数々のお化け屋敷を制作してきた五味弘文氏にどのようにお化け屋敷を制作するのか明らかにする。研究方法はインタビュー調査である。

2．インタビュー内容
＜概要＞
日時：2018 年 10 月 19 日(金)14:40～16:00
会場：株式会社オフィスバーン（東京都杉並区）＊五味氏の事務所。
インタビュイー：五味弘文氏
インタビュワー：中島　恵（筆者）

五味氏のタイプ
筆者　五味さんは**技術者肌**ですか。**芸術家肌**ですか。それとも**ビジネスマン**タイプですか。

五味　ビジネスマンタイプじゃないことだけは確かです。技術者と芸術家は
どう違いますか。

筆者　技術者は機械の設計、製作、メンテナンス、芸術家は見た目の美しさ
やデザインにこだわる人です。

五味　それでしたら芸術家タイプです。見た目の美しさは重要です。

筆者　和風の絵が多いですが、絵の訓練を受けたのですか。

五味　いいえ、私が絵を描いているのではありません。社外のプロのイラス
トレーターに発注しています。基本的に私の作品は全て社外に発注していま
す。弊社の従業員が作っているのではありません。皆さん、特殊メイクのプ
ロであり、美術のプロであり、衣装のプロです。それぞれの分野の第一線で
活躍されている方です。

筆者　皆さん、普段はその仕事をされていて、御社から仕事が来たときだけ
お化け屋敷を作るのですね。皆さん芸能関係者ですか。

五味　確かに芸能関係の仕事をされています。衣装さんは舞台や芝居、舞踏
などの衣装を担当されています。特殊造形の人は映画やテレビ、照明さんは
舞台照明、美術さんも舞台美術が主な仕事です。ポスターなど宣伝物のカメ
ラマンは色々な分野で活躍されている方です。どうしてもこういう世界の方
に仕事が集中しています。他の世界の方ではなかなか難しいと思います。

筆者　そういう方と五味さんはどうやって知り合ったのですか。

五味　人づてや紹介です。今度こういう仕事をするのでこういう人を探して
いますと言って、知り合いを辿っていきます。ただ、今では完全に一つのチー
ムのようになっていますので、特殊メイクはこの人、衣装はこの人、美術
はこの人と決まっています。

筆者　そういうことですか。初期は相当ご苦労があったと思います。

五味　初期は、それはもう苦労しましたよ。でも苦労と思っていませんでし
た。今お話ししたようなスタッフはほぼいませんでしたので、自分で作って
自分で照明を吊っていました。

筆者　ということは、一つひとつ手作りなのですね。ウォルト・ディズニーが生きていた頃、ディズニーランドのアトラクションは職人の手作りの一点ものでした。ちょっとしたスケッチはあっても、設計図すら無かったそうです。制作者はみんなもともとディズニーアニメを作るアニメーターでした。テーマパークのアトラクション作りは初めてなので、皆さん手探りで苦戦したそうです。五味さんのお化け屋敷制作も初期はそういう感じですか。

五味　初期だけでなく、今でも芝居関係の人がメインで、舞台のセットを作るような感じで作ったり、舞台の衣装を作るような感じで作ったりしています。初期はもっと小劇場のようなやり方でした。小劇場では役者が照明を吊ったり、舞台を作ったりもします。大きい劇団では専属の照明さん、美術さんがつくようになります。それと同じような感じで、徐々に専属のスタッフに作ってもらうようになりました。私は大学時代から劇団で舞台をやっていましたので、その人脈が生きています。

筆者　そうですよね。そうでなければ、舞台のメイクさんや美術さんに知り合いはいないですよね。

五味　逆に言うと、私の人脈のほとんどが舞台や芝居の関係者です。

筆者　大学は法学部卒ですね。最初は弁護士になりたかったのですか。

五味　いいえ、私は法学部政治学科で政治学を勉強したいと思っていました。でも高校3年生で進路を決めた時にしっかりした目標があったわけではありません。大学に行くなら法学部がいいと漠然と思っていました。今では法学部時代の人脈は全くありません。

筆者　日本大学芸術学部、略して日芸（にちげい）をご存じですか。五味さんは日芸に多いタイプだと思います。日芸に行けば合う学生が多かったと思います。

五味　当時この道に進みたいと思っていたわけではないので、日芸に行こうと思いませんでした。高3の時点では特に何になりたいか決まっていませんでした。

初期はどうやってできるようになった？

筆者　多分誰からも教わっていないと思いますが、初期はどうやって出来るようになりましたか。師匠はいますか。

五味　師匠はいません。完全に見よう見まねです。

筆者　全国のお化け屋敷めぐりをしましたか。

五味　いいえ、その時はしなかったです。最初の作品は 1992 年の後楽園ゆうえんち（現・東京ドームシティ アトラクションズ）でした。それ以前の後楽園ゆうえんちのお化け屋敷をベースにしながら考えました。

作品の特徴

筆者　五味さんは東京ディズニーランドのホーンテッドマンションのように乗り物がレール上を動くタイプのお化け屋敷は作らないのですか。人が歩くタイプのお化け屋敷を多く作ってこられたと思います。

五味　私はウォークスルー型ばかり作っていて、ライド型は作りません。お客様が歩いて回るお化け屋敷を**ウォークスルー型**、乗り物に乗って進むタイプを**ライド型**といいます。私がライド型を作らないのは依頼が来ないからです。私がずっとウォークスルー型を作ってきたので、それしか依頼が来ないのだと思います。

筆者　ライド型のお化けは人間ではなく機械です。機械のお化けには興味ありませんか。

五味　あります。ウォークスルー型にも機械のお化けを使うことはあります。今いくつもメカのお化けがあります。ライド型ですとお客様の動きをコントロールできます。お客様が予想外の動きをしてメカに触ったりしませんので、メカを使うとお客様の近くまでお化けを近づけられます。ウォークスルー型ではお客様が自由に歩くので、メカに近づいてぶつかったりするかも知れません。ライド型の方がメカを使いやすいです。メカの開発はメカの専門家に発注します。どこでどういう動きをするメカにするか希望を伝えます。

筆者　そういうことですか。ホーンテッドマンションのように歌って踊る楽しい感じのお化け屋敷を手がけたことはありますか。

五味　無いです。私のお化け屋敷はいかに怖くするかという方向ですので、可愛い感じのお化け屋敷は依頼が来ません。私にはミュージカルのようなお化け屋敷や、楽しく可愛いお化け屋敷を作るイメージが無いようです。私のお化け屋敷はホラーをモチーフにした怖いアトラクションです。でもホラーを楽しい感じに使ったアトラクションも興味はあります。「ナイトメア・ビフォー・クリスマス」もホーンテッドマンションもお化けを使った楽しいエンターテイメントです。これはこれで楽しくていいジャンルだと思います。でも今のところ依頼が来ないです。

お化け役の人は舞台俳優

筆者　五味さんは元々舞台俳優さんですよね。今も演じることは好きですか。

五味　いいえ、私は舞台俳優ではなく、**演出家**でした。台本を書いたり、演技指導をしていました。今でもお化け役の人に演技指導をします。

筆者　お化け役の人はバイトさんですか。

五味　いいえ、<u>お化け役の人は**舞台俳優**</u>さんです。その期間だけなのでバイトといえばバイトですが、素人のバイトではありません。東京の場合は舞台俳優さんで、長い人はもう 20 年も私のお化け屋敷に出てくれています。でもお化け役で 1 年間ずっと食べているわけではなく、別の所で舞台の仕事をされています。人によっては、声優さんや舞踏家さんもいます。20 年のベテランと今年初めての新人さんに一緒に演じてもらい、層を厚くして演技の技術を踏襲するようにします。ただ地方のお化け屋敷では、役者さんを調達できなくて一般人のバイトさんも一部いることがあります。

筆者　お化け役の人は舞台俳優さんだったのですね。てっきりバイトさんだと思っていました。地方のお化け屋敷では、五味さんが雇うのですか。

五味　いいえ、私が雇うのではありません。私は東京以外の場所では基本的に演出だけという立場ですからバイトさんの採用はしません。主催者さんが採用や人事管理などをします。

この職に就く方法

筆者　お化け屋敷プロデューサーは特殊な仕事です。どのようにこの職に就きますか。専門学校などはありますか。例えば、美容専門学校を出て美容師になる、看護学校を出て看護師になるなど、決まった学校と就職の組み合わせがあります。でもこの職では決まった学校は無いと思います。

五味　専門学校は無いです。これといった道は無いと思います。職業として確立されているわけではないです。仕事量としても決して多いわけではないです。だから誰かのところに行くのが一番早いと思います。

筆者　そう思って検索すると、五味さんが出てくると思います。五味さんに連絡したければ会社ホームページのお問い合わせフォームだけですよね。御社に就職したい人は常時受け付けているのですか。

五味　いいえ、受け付けていません。弊社に採用されたいという人は随分来るのですが、今のところごめんなさいとお断りしているのが現状です。

筆者　その方々は、皆さんお化け屋敷好きですか。

五味　そうです。お客さんとしてお化け屋敷に行くのが好きな人です。

筆者　年齢層はどのくらいですか。

五味　多いのは新卒で、新卒以外でも 20 代の若者が多いです。

夏期に仕事が集中するものの

筆者　夏期に仕事が集中すると思いますが、従業員は季節雇用ですか。お化け役の人はオーディションで選考しますか。

五味　確かに仕事は夏に集中します。でも今池袋のサンシャインシティ水族館で『ホラー水族館　七人ミサキ』（2018 年 9 月 27 日〜11 月 4 日）をやっ

ています。大阪の難波では、なんばウォーク（商業施設）で『恐怖地下街　真夜中の赤ん坊』（2018 年 11 月 10 日）というイベントをやります。年内はこれで終わります。でも今 10 月後半ですが、12 月に入ると来期の企画が動き始めます。そう考えると、11 月に少し一息つけるくらいです。

筆者　そうなんですか。お客様に向けてのイベントは夏期に集中していても、年間通して仕事はあるのですね。知らない人は、夏に仕事が集中していると思いますね。従業員は季節雇用ではないですよね。

五味　はい、従業員は季節雇用ではなく常勤です。けれど、お化け屋敷を作る時には、それぞれ専門のスタッフにアウトソーシングしています。

筆者　そうですか。五味さんの引退後に誰かが跡を継がれるのですか。

五味　跡取りについては特に考えていません。私には跡取りという概念がありません。

筆者　五味さんは本当にお若いので 80 何歳まで現役でいけると思います。

五味　ありがとうございます。できればそうなりたいです。

海外進出は？

筆者　海外進出は考えていますか。日本ブームのフランスで受けると思います。

五味　はい、海外進出したいです。すでにインドネシアのジャカルタで一度お化け屋敷をやりました。好評でしたよ。

筆者　そうですか、すごいですね。インドネシアは親日で、日本文化が人気だそうです。AKB48 のジャカルタ版、JKT48 というアイドルグループが人気だそうです。インドネシアは高度成長期で中間層が増えています。インドネシア以外でも是非アジア諸国に進出して下さい。

五味　はい、そうなんです。すでにアジアから声は随分かかっています。でも海外は話がまとまるのが難しいです。ちゃんとした人が間に入って話をまとめてくれないと、どこかで企画が頓挫してしまうケースが多いです。

筆者　インドネシアでの仕事は、相手の方はインドネシア人でインドネシア語で話して、誰かが通訳するのですか。

五味　はい、そうです。まずインドネシア語でストーリーボードを作ってご説明しました。お化け屋敷は中に入ってしまえば基本的に言語はほとんど関係ありません。セリフを喋るというより悲鳴です。

筆者　言われてみればそうですね。ビジネスとして話をまとめるのは、五味さんがやるのですか。

五味　いいえ、私はどこでもビジネスとしてまとめることは無いです。基本的に私は**請負**、請け負っている立場です。主催に回ることはあまりありません。主催者さんがビジネスとしてスキームを作り、成立させます。私はお化け屋敷をどれだけ怖いものにできるかに集中します。

筆者　それで最初にビジネスマンタイプじゃないとおっしゃったのですね。

五味　そうです。企画や契約などビジネス面は担当していません。いわゆる**興行**は担当していません。

筆者　じゃあ、どなたか興行を担当する人がいらっしゃるのですね。イベンターとかプロモーターとかですよね。

五味　そうです。例えば、東京では東京ドームシティ アトラクションズさん、大阪では毎日放送さん、その他、色々な放送局さんです。地方では放送局か新聞社さんが多いです。富山県では北日本新聞さんが主催しました。ノウハウは私が持っていますので、美術さんなどに私がこういうふうに作って下さいと発注します。その時はイベンターの役割はそれほどありませんでした。でもより多く集客するためにイベンターさんがいた方がいいと思います。富山県の時は、北日本新聞さん主催でしたので、宣伝も自社の放送網でできたと思います。

筆者　そういう仕組なんですね。こういう特殊職業で仕事が途切れずに来るのはすごいです。表現する仕事の人が売れるのはものすごく難しいです。今後、海外進出のために積極的に営業する計画ですか。

五味　それが、私は基本的にほとんど営業したことが無いです。依頼された仕事しかほぼやってないです。

筆者　それはすごいですね。営業しないのに仕事が来るということは毎回とてもいい仕事をされているのですね。

五味　まあ、そういうことだと思います。来た仕事はできるだけ断らない方針です。

夏期以外の企画

五味　仕事が夏に集中することが悩みです。

筆者　今度是非秋にハロウィンお化け屋敷をやって下さい。

五味　この秋、池袋のサンシャインシティ水族館のお化け屋敷はハロウィンにする企画でしたが、ハロウィンと別に独立したホラー水族館ができました。でもハロウィンで何かやりたいです。できればクリスマスにホラーナイトをやりたいです。

筆者　いいですね。バレンタインでも何かできそうですね。3月に卒業式でパニックという企画はどうでしょうか。

五味　それいいですね。3月頃はお化け屋敷が無い期間です。私は自分からプレゼンすることは無いのですが、どこかにプレゼンしたいと思います。

お化け屋敷一つの予算

筆者　実は私のところに何社かからテーマパークを新設したいという相談が寄せられました。でも予想より高額で、資金調達できなくて今のところ実現していないんです。

五味　そうでしょうね。資金調達は本当に難しいです。テーマパークのアトラクションの中でお化け屋敷は安く作れるものの一つです。ジェットコースターを一つ作る値段でお化け屋敷は10個くらいできると思います。

筆者　本格的な絶叫マシンは一基 20～30 億円します。富士急ハイランドの FUJIYAMA が 30 億円で、高飛車が 55 億円です。

五味　そうなんですか。お化け屋敷はその 1／10 かそれ以下くらいで作れます。主催者さんのご予算と望まれるクオリティによります。ジェットコースターはメンテナンス費が高額です。その点、お化け屋敷のメンテナンス費の方が断然お安いです。ジェットコースターは命を預かる乗り物ですから、安全面を厳密に設計して、メンテナンス費をかけているはずです。

筆者　そうですよね。小型の乗り物ばかりだと集客が難しいので、大型アトラクションがほしいところです。富士急ハイランドの本格的なお化け屋敷は制作されたことはないのですか。

五味　無いです。今のところ、依頼が来てないです。

五味氏がお化け屋敷制作にたどり着く過程

筆者　お化け屋敷関係者は皆さんだいたい知り合いですか。

五味　ある程度は顔見知りです。そもそもお化け屋敷関係者はそれほどいません。

筆者　そうなんですか。お化け屋敷を職業にして食べていける人が全国で何人いるかという職業ですよね。

五味　私が始めた時は私しかいなかったと思います。つい最近まで私だけだったと思います。

筆者　何歳の時に始めましたか。

五味　32～33 歳です。それまでは舞台で芝居をやっていました。食べていけなくてイベント会社で長くバイトしていましたので、その中で後楽園ゆうえんちの仕事に辿り着きました。

筆者　それは良かったです。普通サービス業の店員のバイトをしてもその後の仕事につながらないので、キャリアとして活かせません。

五味　そうです。普通のバイトならお化け屋敷の仕事につながらないです。それに、普通にイベントのバイトをしているだけではなかなかテーマパークや展覧会の仕事につながらないです。私は大学時代からイベントのバイトをしていましたが、ずっと重い物を運んで並べて組み立て、片付けて撤収する仕事しかしていませんでした。

筆者　いわゆる下積みですね。そこからイベント関係者に顔がつながっていたのですね。

五味　そうです。でもそれほど人脈が広がっていったとは思えません。20代後半から力仕事だけではなく、**企画や制作、人材を集めるなど、運営**を任されるようになりました。

筆者　それは良かったです。普通は肉体労働だけやらされて、お芝居の仕事をあきらめて一般の職に就く時、バイトでの仕事能力や経験は活かせないです。

五味　そうです。ほとんどの人はそうなります。私はお芝居がメインでしたので、食べるためにバイトをしていました。イベントのバイトはずっとやらなくても戻ってこられる雇用形態です。コンビニなど普通のバイトでは芝居の公演1回につき3ヶ月休ませて下さいと言ったらもう戻って来られないです。私にとってイベントは融通の利く仕事でした。それが今の仕事に繋がっています。ものすごく幸運な巡り合わせだと思います。これでお化け屋敷に繋がることは普通ないと思います。

筆者　そうですよね。でも毎回五味さんが良い仕事をされるので次の仕事が来るのではないですか。

五味　まあ、そうだと思います。良い仕事をし続けられなければどこかで途切れると思います。

仕事依頼はどのように来る？

筆者　東京ドームシティ アトラクションズ以外の仕事依頼はどのように来ますか。会社ホームページのお問い合わせフォームに来ますか。知人紹介ですか。各テーマパークに営業しますか。

五味　仕事依頼は会社ホームページのお問い合わせフォームを通してメールで来ます。知人紹介は今のところ無いです。テレビを見ましたという人もいます。

筆者　私もテレビで見て五味さんを知りました。五味さんの名前で検索すると色々出てきます。

五味　そうですか。テレビの影響は大きいですね。私は営業をしたことはありません。テレビは効果ありますね。

筆者　テレビなど動画で見ないと、特殊な世界なので普通の人には想像できないです。

制作費の予算管理

筆者　どのように予算管理をしていますか。テーマパーク会社が予算を決めて、この金額で完成させてほしいと言いますか。運営中の電気代、消耗品費、アルバイトの人件費などはテーマパークが払いますか。五味さんがあるテーマパークから予算をもらい、項目ごとに予算を分散するのですか。どんな項目がありますか。何にいくらくらいかかりますか。

五味　予算管理は私がします。ただ何にいくらかかるかは言えないです。項目は、**美術、施工、造形、メイク、衣装、照明、音響、音効**などです。美術は全体のイメージを作る人です。美術さんのアイディアを具体的に作っていくのが施工、人形を作るのが造形です。キャスト（役者）にメイクをするのがメイクさんです。衣装さん、照明さん、音響さん、音効さんがいます。音効は曲を作ったり、悲鳴などの音を作ったりする人です。その人たちに予算を配分します。支払いはケースバイケースですが、だいたい制作後にお支払

いします。予算きっちりでお願いするものの、私が様子を見ながら演出を変えることがあります。予算内に収まらないこともあります。新しいアイディアが膨らんだり、別の部分を引っ込めたりします。

筆者　予算内で治まらなかったとき、そのテーマパークに何万円追加して下さいと言えば、出してもらえますか。

五味　普通は出してもらえないです。だから私が演出を変えたり、削ったりします。大規模なプロジェクトですと、項目が多すぎて、どこをどう調整したらどう変わるかなどだけで、結構な大仕事で労力を使います。だからザックリ進めていかないと演出が追いつかないです。小道具をどう工夫すると 2 万円節約できるという規模の節約をしても仕方ないです。

筆者　言われてみれば、大きな予算規模でしたらそうでしょうね。いただいた予算から五味さんの報酬というか人件費をもらってから予算を配分するのですか。

五味　そうです。弊社の演出フィーを頂いてから配分します。

筆者　美術さん、衣装さん、メイクさんなどの紹介料という名目ですか。

五味　いいえ、紹介料という名目では頂いておりません。個別に直接発注します。東京以外の場所で開催される場合、音響、照明、施工などは主催者さんがお付き合いのある業者さんに発注することが多いです。

筆者　お化け屋敷作りの舞台裏はそうなっていたのですね。

五味　私の場合はですよ。

筆者　運営中の電気代や消耗品費は主催者さんが払うのですか。

五味　電気代は主催者さんが払います。消耗品は基本的にメイク道具がほとんどで、それ以外は壊れたときのメンテナンスです。メイク費はメイク道具に含まれています。厄介なのは壊れたときのメンテナンスで、毎回協議して決めます。激しく使っていると途中で壊れることがあります。壊れるとそこまで直しに行かないといけないので費用がかかります。その費用を最初から含むのか、その都度払うのかは毎回決めます。

筆者　入口に立っているバイトさんはテーマパークが雇うバイトさんですか。

五味　東京ドームシティ アトラクションズなどテーマパーク内のお化け屋敷であれば各テーマパークが雇っています。テーマパーク内ではなく単体のイベントであれば、主催者さんが雇います。地方の興行で私がスタッフを雇うことはありません。テーマパーク自体の運営をすることはありません。

テーマパーク全体の運営への関心

筆者　お化け屋敷だけではなく、テーマパーク全体の運営や集客、CM づくりなどに関心はありますか。

五味　はい、私はルナパークという後楽園ゆうえんちの夜の集客が目的の仕事を最初にやりましたので、テーマパーク全体の集客などにも関心はあります。でも優先順位の第一位は質の高いお化け屋敷の制作です。私よりテーマパーク全体の集客を上手くやれる人がいると思います。

お化け屋敷の成功基準は？

筆者　お化け屋敷成功の基準は入場者数の多さですか。

五味　はい、そうです。お化け屋敷は興行ですから、入場者数の多さが成功の基準の一つです。ただいくらお客様が多く入っても、お化け屋敷の質に納得いかなければ自分では成功したと思えないです。でもいくら質が高いお化け屋敷ができても、集客力が無ければ興行としては失敗になります。お客様にとって満足のいくお化け屋敷を作ることがもう一つの目標です。質が良くないと、今後日本のお化け屋敷業界は先細りになると思います。私たちが質の高いお化け屋敷を作り続けることでお化け屋敷業界が盛り上がっていくと思います。その逆は、私がこの仕事を始めた頃（1992 年）、お化け屋敷は子供騙しのもの、大人は冷やかしに入るだけで目もくれない時代でした。そうならないようにと思ってお化け屋敷を作ってきました。お化け屋敷の質を下げることは私にとって成功ではありません。

筆者　テーマパーク全体の入場者数は分かると思いますが、乗り物ごとの課金ではなくパスポート制だとお化け屋敷の売上は分かりませんよね。五味さんは売上に責任を持ちますか。

五味　入場者数は分からないです。私は基本的に売上には責任を持たないです。私は興行に絡みません。お互いに私が売上に責任を持たない前提で進めていきます。ただ、お化け屋敷の演出内容は当然入場者数に影響を及ぼします。その意味では、責任を担っていると言えます。でも契約書などにそういう条文があるわけではないです。私は**請負契約**です。**お化け屋敷制作だけを請け負う契約**です。私の性格上そうしないとお化け屋敷に集中できないです。

筆者　そう言うことですか。それで毎回怖くて面白いお化け屋敷を作れるのですね。

五味　私の性格では、興行や売上に絡まないことでうまくいっていると思います。でも人によっては、お化け屋敷制作だけでなく、売上や興業にも関与して成功する人もいると思います。

筆者　五味さんは成功報酬型ではないのですね。つまり作家や漫画家でいう印税型ではないのですね。

五味　はい、最初に決まった額だけです。自分ではそういうものだと思っています。お客様が多くても少なくても一定額です。

筆者　ということは、それほど欲が強くないのですね。

五味　はい、多分私はそんなに欲が強くなくて、どうしても演出を重視してしまいます。だから私が全体の予算管理をしたら破綻してしまうタイプだと思います。

興行の不安定さ

筆者　収入は夏期に集中しますか。8割くらいが夏期ですか。

五味　はい、夏期に集中します。8割近くが夏期だと思います。

筆者　そうですか。安定はしないですね。

五味　はい、安定はしないです。興行の世界は安定しません。

筆者　そうですね。**テーマパーク経営の一部というより興行**ですね。歌手の
コンサートや役者の舞台と同じですね。

五味　そうです。私の場合、興行です。私にとってはお芝居と同じ感覚が抜
けていません。考え方としては興行に近いです。よく興行、興行と言ってい
ます。

筆者　五味さんは舞台の演出家出身だから興行、舞台の感覚が強いのですか。

五味　いいえ、興行のスキームになっているのは別の理由からです。お化け
屋敷作りを私が始めた頃（1992 年）と違って、夏季限定のお化け屋敷がテー
マパーク以外の色々なところで作られています。そうすると 2～3 ヶ月の興
行の中で利益を上げる必要があります。これが興行です。サーカスなどと同
じです。それで興行の形態になります。

筆者　そういうことですか。アメリカのウォルト・ディズニー社にとって、
テーマパークは毎日売上を上げられる事業です。アメリカの映画界では年 1
回まとめて映画館から映画会社に支払いがあります。事前に映画会社が巨額
の資金を投じて映画を製作します。テーマパークは毎日日販を稼げるので会
社の収入を安定させるために重要なんです。五味さんのビジネスモデルです
と、毎日稼げるわけではないのですね。お化け屋敷に毎日お客様は来ている
と思いますが。

五味　そうです。ウォルト・ディズニーの場合、映画は興行でリスキーです
から、テーマパークで日販を稼いで安定させるのなら、私とはまるっきり違
いますね。リスクを抱えています。リスクを無くす方法が何かあればいいの
ですが、今のところ思いつきません。

筆者　そうですね。テーマパークは毎日収入があるので安定するとしか言え
ませんね。アメリカのディズニー社にとって、映画は年一回の収入で、その
映画がヒットするか分かりません。ディズニー社の会長兼 CEO を長くやっ

た人の著書[18]によりますと、映画は 100 作中 97 作くらいは赤字で、3 本くらいのヒット作が 97 本の赤字作品を穴埋めして会社自体は黒字だそうです。

五味　それはすごい話ですね。映画は水ものですね。私の世界は、もっとリスクの低い興行、予想の立つ興行だと思っています。

筆者　そうですか。それで従業員を雇いにくいのですか。

五味　雇いにくいです。

筆者　それで従業員を雇わずに外注しているのですか。

五味　そういうわけではないです。彼らを社内に入れなければいけない理由も無いです。彼らは彼らの分野で色々な仕事をされてご活躍されていますので、弊社の中に抱える必要は無いと思います。

筆者　そうですね。安定志向の人がこの仕事に就きたいと言うなら止めた方がいいですね。

五味　安定志向の人にこの仕事は無理です。

客数はどう分かる？

筆者　歌手のコンサートやお芝居の舞台では客数は見れば分かります。でもお化け屋敷は 2〜3 人ずつ入れるのでお客様にどのくらいの客数なのか、どのくらい人気があるのか分からないと思います。五味さんはお客様の人数を知らされますか。

五味　知らされます。でもその数字が本当か確かめることはできないです。

筆者　ネットや Twitter で口コミを検索しますか。

五味　いいえ、しません。ネット上の口コミはあまり信用しないようにしています。悪口にショックを受けるのも無駄ですし、悪いことを避けて良いことをだけを読んでも改良につながりません。

---

[18] Eisner, D. Michael and Tony Schwartz (1998), *WORK IN PROGRESS, THE WALT DISNY COMPANY* c/o, The Robbins Office Inc. through The English Agency (Japan) Ltd.（布施由紀子訳（2000）『ディズニー・ドリームの発想』（上・下）株式会社徳間書店）

プロジェクションマッピングとお化け屋敷は合う

筆者 プロジェクションマッピングとお化け屋敷は合うと思いますが、今度何かの形で実行したらどうでしょうか。

五味 すでに今チームラボさんと一緒にやっています。それが東京ドームシティ アトラクションズさんの「怨霊座敷[19]」です。

筆者 そうなんですか。チームラボさんは売れていますね。

五味 チームラボさんも一種の興行ですよね。美術関係は興行と言わないので、興行と言って良いのか分かりませんが、興行のような感じです。

筆者 言われてみれば、美術は興行と言いませんが、ビジネスモデルは興行と似ていますね。チームラボさんは興行の性格があると思います。

五味 そうです。お客様が集まらなかったら失敗になります。

3．発見事項と考察

　本章では、お化け屋敷プロデューサーとして数々のお化け屋敷を制作してきた五味弘文氏にどのようにお化け屋敷を制作するのかインタビューし、次の点を明らかにした。

　第1に、五味氏は劇団で演出家の仕事をしながら、生活費のために長期休業を取りやすいイベントのアルバイトをしていた。20代後半になると企画や制作など運営を任されるようになり、30代前半で後楽園ゆうえんちのお化け屋敷制作のチャンスを得た。その後ずっと仕事が途切れないのは、五味氏が毎回良い仕事をしているからである。五味氏のお化け屋敷は一つひとつが手作りの一点ものである。五味氏の会社の従業員が制作するのではなく、社外の専門家に発注する。造形、衣装、メイク、美術など、五味氏が大学時代から舞台の仕事をやってきたから知り合った人脈である。

---

[19] 東京ドームシティ アトラクションズHP「お化け屋敷『怨霊座敷』」2018年10月30日アクセス　https://at-raku.com/attractions/laqua/onryouzashiki/

第 2 に、お化け屋敷は成熟産業なのに、この職に就く道は確立されていない。五味氏の会社に就職希望者は来るものの、採用することはほぼ無い。希望者は 20 代の若者が多い。五味氏に師匠や先生はおらず、見よう見まねで始めた。最初に全国のお化け屋敷めぐりをしなかった。これにより既存のお化け屋敷の影響をあまり受けず、独自性を出せたのではないか。

　第 3 に、五味氏はウォークスルー型のお化け屋敷を制作する。人間のお化けとメカのお化けを組み合わせた作品を作る。世の中には歌って踊る楽しいお化け屋敷もあるが、五味氏はいかに怖い作品かを追求している。お化け役の人はアルバイトではなく舞台俳優である。舞台俳優に五味氏が演技指導を行う。新人から 20 年のベテランまでお化け役の舞台俳優がいて、技術を踏襲している。五味氏が劇団で演出家を務めた経験が生きている。

　第 4 に、夏期に仕事が集中するが、それはイベント実施期間であって、夏期の企画は 12 月頃から動き出す。11 月が最も仕事の少ない季節である。ハロウィンなどがあるため、五味氏の稼働期間は夏期だけではない。

　第 5 に、五味氏はお化け屋敷の質を高めることで長く人気が続き、文化水準も上がると考えている。お化け屋敷制作に参入した 1992 年当時、お化け屋敷は子供向けなものと見られがちだったため、五味氏は質の向上を目指している。

　第 6 に、五味氏は海外進出を望んでおり、すでにジャカルタでお化け屋敷を成功させた。他にもアジア諸国から依頼が来ているものの、ビジネスとしてまとめることが難しい。五味氏はほぼ営業したことがないので、人脈戦で仕事が来る。五味氏は請負という形であって、契約をまとめることはない。主催者になることも少ない。

　第 7 に、五味氏が東京ドームシティ アトラクションズで作った常設のお化け屋敷は高額であるものの、絶叫マシンなどのアトラクションより手頃な価格である。お化け屋敷は絶叫マシンに比べてメンテナンス費も低額である。テーマパークや主催者が五味氏に予算総額を渡し、五味氏は美術、施工、造

形、メイク、衣装、照明、音響、音効などの予算を決めて専門家に依頼する。壊れたときのメンテナンス費は予算に含まれているケースと含まれていないケースがある。

　第8に、お化け屋敷は興行なので、成功基準は客数と売上である。しかし五味氏は質の良さこそ成功と考えている。とはいえ、五味氏は大学時代から厳しい興行の世界で生きているので、質が良くても売上が少なければ興行としては失敗である。大学時代にお芝居の世界に入った五味氏は本業を元にお化け屋敷制作に仕事を拡げた。興行なので安定しない厳しい世界である。お化け屋敷は期間限定となることが多いため、期間内に収益を上げるビジネスモデルとなり、興行と同じである。

4．まとめ

　どの世界でも優秀な人材の特徴として、①苦労していることは言わない、②苦労を苦労と思っていない、ことが挙げられるだろう。五味氏は初期に非常に苦労されたのであろうが、苦労を苦労と思わずに邁進した。

　五味氏のマスコミ出演もまた憧れを生み、お化け屋敷プロデューサー希望者を増加させるのだろう。しかしお化け屋敷プロデュースは非常に厳しい興行の世界だということが明らかになった。参入したい人は強い覚悟を持って挑んでほしい。

第 6 章
ホラーアトラクション・プロデューサー、
マイケルティー・ヤマグチ氏のお化け屋敷制作

1．はじめに

　筆者は『ゲンバビト』（TBS 系列）に「ホラー
アトラクション・プロデューサー」として登場し
たマイケルティー・ヤマグチ氏を初めて見た
（2018 年 8 月 20 日放送）。この番組のおかげで
お化け屋敷制作の舞台裏を垣間見ることができ
た。

　本章では、ホラーアトラクション・プロデューサーとして数々のお化け屋
敷を制作してきたマイケルティー・ヤマグチ氏がどのようにお化け屋敷を制
作するのか明らかにする。研究方法はインタビュー調査である。

　ヤマグチ氏の会社、株式会社 ZAUNTED[20]は次のような企業である。㈱
ZAUNTED（ゾウンテッド）は東京都杉並区阿佐ヶ谷に本社を置くお化け屋
敷の企画・制作・演出・プロデュース・運営等を行う企業である。1992 年創
立、2018 年 7 月設立、資本金 1,300 万円、代表取締役 CEO マイケルティー・
ヤマグチ氏、主要取引先、㈱ダイナモピクチャーズ、㈱ダイナモ・アミュー
ズメント、ワーナーエンタテイメントジャパン㈱、㈱TBS ビジョン、㈱レプ
ロエンタテイメント、Facebook Japan 等である。

2．インタビュー内容

＜概要＞

会場：G ネグルシ（拘束ベッド型お化け屋敷）内キャスト控室（横浜市鶴見
区）

---

20 ㈱ZAUNTED 会社概要　2019 年 1 月 7 日アクセス http://obake.red/corp/profile/

日時：2018 年 11 月 1 日 18:00〜20:45

インタビュイー：マイケルティー・ヤマグチ氏

インタビュワー：中島 恵（筆者）

営業しないのに仕事が来る

筆者 どのように仕事を獲得しますか。どのように営業していますか。

ヤマグチ 営業はしておりません。仕事の依頼は全て会社ホームページのお問い合わせフォームに載せているメールに頂きます。私は営業と経理は苦手なタイプです。だからマネジメントができる人を雇っています。私はクリエイティブな仕事だけに集中したいからです。今の課題は二代目を育てることです。現在全てのクリエーションを私一人でやっています。今後会社がずっと続いていくためにも、クリエイティブな仕事をできる人を探して育てる必要があります。以前は一匹狼でしたが、法人化しましたので、会社として私の死後も続くようにしたいです。

広告費をかけずに集客

ヤマグチ 弊社は広告費を一切かけずに集客しています。そのためメディアに露出したり、SNS で拡散される必要があります。そのために興味を惹かれるような内容にしています。またファンの人には、混んでいない時ならば特別に入って撮影 OK にしています。そうするとまた SNS に載せてくれます。私はお化け屋敷のコンテンツメディア化を目指しております。広告費をかけないのに仕事依頼が来るのはこれが功を奏したからだと考えております。だいたい週 2〜3 ペースで新規案件や問い合わせが来ます。

従業員募集での悩み

筆者 御社のホームページを拝見しますと、「何でもいいから仕事を下さい」「自分の力を試したいんです」というメールが来ますが、これだけでは返信

できません、と書かれていました。このような抽象的な考えで御社で働きたい人が来るのですか。

ヤマグチ　はい、そういう人が多く来ます。それなので弊社ではリクルートメールには Facebook と Twitter を明記するように書いています。これは他の会社でも同じだと思います。それと私がネガティブなことや裏で苦労していることは一切表に出さないタイプなので、自由で楽しそうに見えてしまうようです。「プロデューサーになりたいです」とだけ書かれたメールも来ます。即戦力になれるわけでもないのに、そう言う人材に需要はありません。あとは若手の役者さんがお化けやゾンビの役をやりたいと希望してきます。「自分の可能性を試したいです」と書いてくる人もいます。それではお客様に失礼です。そう言う人たちは真剣に考えていないことや甘さがメールの文面に出ています。

ヤマグチ氏のタイプとビジネスモデル

筆者　ヤマグチさんは芸術家肌ですか。技術者肌ですか。ビジネスマンタイプですか。

ヤマグチ　それは迷いますね。ビジネスマンタイプだとすると、私はマーケティングを勉強しました。お化け屋敷はバイラル効果[21]が高いです。お化け屋敷は昔から見世物小屋や文化祭の出し物のイメージが強く、このままではいつまでたっても低俗なものだと思われています。だから私はお化け屋敷をコンテンツメディア化しようとしています。

筆者　TBSの『ゲンバビト』にはどのようにして出演されましたか。

ヤマグチ　弊社ホームページに載せているメールに直接オファーが来ました。ビジネスに関してはプル型です。他に代わりがいないのでブルーオーシャン市場です。技術に関しては、必要な部分のみ独学で始めました。専門学校に

---

[21] バイラル効果：バイラル（viral）とはウィルス（virus）性という意味。ウィルス性の病気のように口コミで爆発的に広がっていくという意味のマーケティング用語。

行きませんでしたが、逆に専門学校のオファーにより特殊メイクの講師になりました。芸術に関しては、自分で芸術家、アーティストと言いたくないです。何でもアート、アートと言いません。ですから、私は芸術家や技術者よりもビジネスマンの側面が強いと思います。プロデューサーとして資金調達し、スタッフを獲得し、お化け屋敷の質のバランスをとります。

筆者　外注するのではなく、従業員として雇ってらっしゃるのですか。

ヤマグチ　はい、雇っています。外注せず、全てワンストップで社内で作れるため、予算をグロス（総額）で使えて質の高いものを作れます。これまでのお化け屋敷で唯一作れなかったものは特殊造形（お化けの人形）です。日本の多くのお化け屋敷は海外から購入していますので、ストーリーに一貫性が無かったり、一体一体が高額すぎて、予算オーバーで他の部分の質が低くなったり、海外のお化け屋敷制作会社が倒産してメンテナンス継続できなくなったパークからリニューアル依頼を頂いたりします。弊社では予算をグロスで使い、トータルで質のいいものを作ります。それと映画の仕事も時々やっています。映画の死体役に弊社のお化けの人形を貸し出すこともあります。死体の人形は、普通はレンタルか購入です。レンタルでも高額で、購入すると数百万円します。これで予算の多くを使ってしまいます。弊社では死体の人形を作れますし、建築士を雇っておりますので建物を建てられますし、私が壁を塗れます。2017 年までは、各地方で建築だけは外注していましたが、今年（2018 年）からは建築も自社でできるようになりました。私は企画書、図面、映像、音響、キービジュアル、ポスター制作など全てこの MacBook（マッキントッシュ）一台で行っています。お客様の反応とアクター（キャラクター出演者）の動きを隣の従業員控室でモニターで見ていて、即座に演出プログラムや音響ソフトを微調整し、エアードロップで飛ばしてアップデートしています。従来のお化け屋敷は完成したときが最高の品質で、その後劣化していくのですが、弊社のお化け屋敷はどんどんクオリティが上がっていくのです。

キャリア形成

筆者　いつからこの職を目指しましたか。師匠や先生はいないと思いますが、最初どうやってこの仕事をできるようになりましたか。

ヤマグチ　美大や美術専門学校には行っておらず、全て独学です。1992年に地元の長崎市の商業施設「長崎西洋館」での150坪のお化け屋敷が私のデビュー作となりました。その商業施設内にマジックショップがあり、有名なマジシャンがいらっしゃって、その方がお化け屋敷を作ることになりました。そこで私が造形物を作り、マジックのイリュージョンを使ってお客様を驚かす方法をとりました。好評でしたので、徐々にシリーズ化されました。ですが我々が抜けた後、イベント会社がパッケージのお化け屋敷を持ってくるようになってから徐々にお客様が減ったと聞きました。しかもそのマジシャンの方は2年前に爆発事故でお亡くなりになりました。私がお化け屋敷を作るきっかけはそのマジシャンが見出してくれました。その方とは地元の知り合いを通して知り合いました。私はほとんど就職やバイトをしたことがありません。私にしか出来ないことを仕事にしたいという思いが強いです。特殊メイクアップアーティストを志すも、長崎には映画産業がありませんので、特殊メイクを生かせる仕事となるとお化け屋敷という発想力で今に至ります。

筆者　すごい才能ですね。そのクリエイティビティは生まれつきですか。

ヤマグチ　はい、そうだと思います。両親に才能があります。私は4歳でバンドデビューして音楽を始めました。子供の頃から美術や工作が得意でした。

お化け屋敷のタイプと予算

筆者　ライドタイプ[22]のお化け屋敷は作ったことはありますか。

---

[22] ライドタイプのお化け屋敷は、乗り物がレール上を進んでいくタイプのお化け屋敷、ウォークスルーのお化け屋敷は客が歩いて進むお化け屋敷である。

ヤマグチ　いいえ。ライドタイプのお化け屋敷はライドだけでかなりの予算を消費します。2017年11月4日(土)に山梨県小菅村で『ゾンビ村コスゲ[23]』というイベントをやりました。そこはもっと広い敷地で、本物の車に乗って進んでいき、ゾンビが潜んでいて車を揺らしに来るという、本物の車でライドタイプのドライブお化け屋敷を実現させました。

筆者　すごい工夫ですね。常設アトラクションのライドタイプは高額すぎますよね。

ヤマグチ　そうです。しかもライドタイプのお化け屋敷は驚かす造形物とお客様の距離が遠いので怖さが出にくいです。

筆者　ディズニーランドのホーンテッドマンションのように、歌って踊る楽しいお化け屋敷はどうでしょうか。

ヤマグチ　ああいうファンタジーの世界観のお化け屋敷の方が内装にお金がかかります。お化け屋敷の良さは、SFのような内容にしなければテーマパークのアトラクションの中で一番安くできることです。日本家屋にある物で全て揃え、例えばおばあちゃんの家をテーマにすれば、昔ながらの和風の家にある物で内装全てできます。外国であればその国の普通の家をテーマにすれば、普通の家にある物を血糊などで汚し、電気を消して暗くすればお化け屋敷になります。以前、恵比寿で大人のラグジュアリーなお化け屋敷を広告代理店からの依頼でやりました。これは片付けて原状回復させるまでに数時間でした。この場所でお化け屋敷をやって下さいと言われたら、逆算してストーリーを後からつけます。例えば、元病院というテーマなら病院の内装にすると病院のお化け屋敷になります。

筆者　ご予算はおいくらくらいでしょうか。

ヤマグチ　単発のお化け屋敷は、150坪で1ヶ月間で1,000万円の予算のケースが多いです。その規模ですと、1ヶ月間営業すると1,000万はリクープ

---

23 リアルお化け屋敷プロデュース「ゾンビ村コスゲ」（2017年10月23日）2018年12月28日アクセス　http://obake.red/zombiemura-kosuge/

（費用回収）できます。商業施設内にお化け屋敷を設置する場合、1,000万円リクープできるということは、それだけ集客できている、更に二次利益も出ているということです。主催者様には、お化け屋敷単体の売上にこだわらず、集客効果で考えるようお願いしております。お化け屋敷を解体して倉庫に入れておき、翌年の夏にまた組み立てて運営すればイニシャルコストが下がりますので更に利益が出ます。私が大阪で開催した「ゾンビ防衛大学」（2014年8月）は28日間で3万人のお客様を集め、2,000万円をリクープしました。それをラフォーレ原宿[24]に持っていってまた開催しました（2015年8月開催）。でもラフォーレ原宿は家賃が高額すぎて予算の多くを消費し、人気の施設のため空いている日がほとんどなく、ハウスルールに沿う対策でチープにならないように演出するのが大変でした。例えば、大丸百貨店も施工日3日間で、しかも閉店後のみの施工時間で、これだと作り込めず仮設感が出てしまいます。田舎や廃墟でやった方がリアルなお化け屋敷作りに有利になります。交通の便の悪い田舎でも、そこに行かなければならず、期間限定のレア体験のためにユーザーは遠方まで来て下さいます。よくある方法ですが、2,000万円でお化け屋敷を作り、期間限定で営業して、2,000万回収できないとしても、それを畳んで別の地域に持っていってまた営業できるパッケージ化し、それを何ヶ所かで営業することで合計でリクープします。

筆者 そういう仕組みなんですか。経営難のテーマパークから助けてほしいという依頼は来ますか。ちゃんと支払ってくれますか。

ヤマグチ はい、来ます。予算をグロスで言っていただき、その額でできる範囲のお化け屋敷を作ります。1,000万円でも作る方法はありますし、1,000万すら予算の満たない依頼もございます。例えば、こちらの会場のベッド型お化け屋敷「ネグルシ」は500万以下の予算です。弊社は予算に関わらず良

---

[24] ホラー通信「ラフォーレ原宿に"ゾンビ防衛大学"開校！体験型アトラクション『ゾンビ屋敷ZDU』開催決定」（2015年7月6日）2019年1月7日アクセス
https://horror2.jp/11211

い物を作る自信があります。最初に横浜ビューティ&ブライダル専門学校の夏休みに「ネグルシ」を開催しました。そこに TBS 系列の「ゲンバビト」の取材が来て放送され、専門学校の宣伝にもなりました。つまりテレビ出演とお化け屋敷の宣伝を合わせるようにしています。私は俳優業もしているのですが、俳優のギャラよりもお化け屋敷のギャラの方が高いです。俳優業はお化け屋敷の宣伝という側面もあります。さらに私はワーナーブラザースなどのホラー映画のプレミア試写会に呼ばれたりしてコラムを書くのですが、お化け屋敷のタイアップへ合わせて書いて宣伝効果を狙います。地方創生であればボランティアで行くこともあります。その際は持ち出しが多いですが、仕事が仕事を呼んで次の仕事に繋がります。この前 (2018 年 3 月 22 日(木)) 長崎県庁で講演しました。内容は、バイラル・マーケティング[25]による集客効果です。ビジネスセミナーとして講演させていただきました。

海外進出の計画

筆者 海外に進出するご予定はありますか。

ヤマグチ いいえ、今のところ海外進出は考えていません。アジア圏で日本人が作るお化け屋敷ブームがきています。すでに上海やベトナムのホーチミンから依頼が来ました。以前、中国のお化け屋敷が日本の富士急ハイランドとライセンス契約していると謳って、パクリお化け屋敷を作って営業していたのを訴えられ、行政処分で 460 万円の罰金をとられました[26]。中国では日

---

[25] バイラル・マーケティング：バイラル（viral）とはウィルス性という意味。ウィルス性の病気のように口コミで爆発的に広がっていくという意味のマーケティング用語。バイラルメディアとは、SNS で拡散されることを目的に作るブログなどで、大規模な口コミ効果を狙う。バイラル効果を狙うマーケティングをバイラルマーケティングという。

[26] 中国の浙江省杭州市当局は 2014 年 8 月 14 日までに、同市内で富士急ハイランドのお化け屋敷に似た施設を運営していた代表者に対し、無許可営業や虚偽宣伝などの規定違反があったとして 27 万 5,100 元（約 460 万円）の罰金支払いを命じた。問題となったのは「慈急病院」と名付けられたお化け屋敷で、6 月下旬から 7 月中旬まで杭州市に開設された。富士急ハイランドが運営するお化け屋敷の舞台「慈急総合病院」に名前がそっくりなうえ、関係者によると、インターネット上で「富士急ハイランド

本のお化け屋敷、日本人が作ったお化け屋敷というブランドは需要があるようです。以前、上海でのお化け屋敷のコンペに出るよう誘われましたが、コンペに出るとアイディアだけパクられるので断りました。上海でのお化け屋敷は、急成長する中、日本円で 2,000〜3,000 円という高めの入場料で開催されています。ホーチミンでは日本ブームなので日本人が作ったお化け屋敷ならばそれなりに需要があると言われました。それ以外では、大手テーマパークの一アトラクションとしてなら進出したいと思います。ところが、実際は大手ほど私の名前が出ず、裏方のスタッフの一人になってしまいます。大手テーマパークは予算が巨額で、現場での仕事は面白いですが、公表できない実績になります。下請けとして働いてもキャリアアップできません。大手テーマパークでマイケルティー・ヤマグチの看板でイベントやアトラクションを制作できるよう精進して参りたいと思っております。

成功の秘訣

筆者 これまで数々のお化け屋敷を成功させてきましたね。成功の秘訣は何でしょうか。

ヤマグチ それは「大人に怒られること」です。取材で成功の秘訣を聞かれるとそう答えています。大人に怒られることをしないと誰の心にも響きません。または一見ふざけていると思われるようなことをすることです。例えば、幼稚園児たちをゾンビにして「最年少お化け屋敷」にしました。変質者が来たら危なくないのかなど批判があったのですが、実はお客様は親御さん限定にしたので安全でした。お化け屋敷はバーカービジネスでもあります。バーカービジネスとは、見世物小屋など、見せるまでに派手な演出をしてすごい

と提携」「ギネス記録のお化け屋敷」など虚偽の宣伝をしていた。富士急ハイランドの親会社である富士急行は、中国の運営者に宣伝の削除を求めるとともに当局に調査を要請していた。
日本経済新聞「中国のお化け屋敷に罰金「富士急と提携」とウソ」(2014/8/15) 2018年 12 月 28 日アクセス
https://www.nikkei.com/article/DGXLASDG1500O_V10C14A8CR0000/

物を見られると予想させ、入場料をとり、引っ張って、引っ張ってやっと見られると、大したことのない物なんです。昔はこういう売り方をしてきたのです。私がマーケティングで成功しているのは口コミとSNS、そしてもう一つあるのです。お化け屋敷はどのくらい怖いか心配になって、来る前にみんな検索します。新潟で4日間で閉鎖されたお化け屋敷が存在したのですが、私が中止理由をホームページに書きましたら、そのページのアクセスが異常に多かったです。みんななぜ中止なのか知りたくて検索します。お化け屋敷はまだ行ってない人ほど想像で恐怖心を強めて検索するようです。それまでのお化け屋敷はイベント会社のパッケージが多かったのですが、イベント会社は商業施設などにセールスを掛けたいがためにお化け屋敷内部の図面をホームページに載せているんです。お客様はインターネットで図面を見てしまうので内容が分かって冷めてしまい、行く必要が無くなります。つまり秘密にするけれど、集客のために一部のみ見せる等のミステリアスさが重要です。

徹底した怖さの追求

筆者 先ほどヤマグチさんのお化け屋敷「ネグルシ」と「オバケバス」を拝見して思いましたが、私にとって怖すぎます。私個人はジェットコースターが好きでお化け屋敷が苦手です。ディズニーランドのホーンテッドマンションくらいの怖さ指数のお化け屋敷を作ったらどうでしょうか。今の怖さですと、コアなファンからしか需要が無いのではないでしょうか。

ヤマグチ それはどこに作るかによります。ディズニーランドの一アトラクションとして作るなら、そのくらいの怖さのお化け屋敷があってもいいと思います。でも商業施設などに一つだけお化け屋敷を作るとしたら、怖くないものを作ると逆に残念がられます。私の作品はお化け屋敷マニアの方から日本一怖いという評価を頂いたりするので、こういったコアユーザー向けの時間帯、一般ユーザー向けのソフトな時間帯を両立させ、多くの方に喜んで頂けるように取り組んでおります。

お化け屋敷プロデューサーという職業の将来性

筆者 ここ数年、ゾンビブーム、お化け屋敷ブームで「お化け屋敷プロデューサー」と名乗る人を大勢ネット上で見かけます。

ヤマグチ はい、ブームとまではいかないですが、ほとんど素人のような腕前でもお化け屋敷や謎解きゲームを作ってお客様から 2,000〜3,000 円取れる傾向になっている状況が見受けられます。それは自由ですが、興行申請はおろか、消防、保健所の届出、立会検査をせず、さらに過激さを追求し、それで怪我人を出したりしていると報告を受けています。だから私はこの状況を引き締める必要があると思いますし、お化け屋敷に社会性を持たせようとしています。

筆者 私のような素人がホームページや SNS を見ただけでは区別がつかないです。フォトショップなどの技術が上がっているせいか、それなりのお化けやゾンビの写真を載せることができます。お化け屋敷プロデューサーを目指す人は食べていけるだけ仕事があると思いますか？勧めますか？それとも止めますか？

ヤマグチ それですが、そういった方々は大変厳しい状態にあるのではないでしょうか。先ほども言いましたように、私は苦労していることは言いませんので自由で楽しそうに見えるようですが、ユーザー第一でしっかりした安全設計、計算を行いプロの仕事をしています。お化け屋敷作りを仕事とか、本業と言えるほどの収入を得られず、生活費に苦労している人をたくさん見ています。お化け屋敷プロデューサーになりたがる若い人がたくさんいて、「何でもやります」と安売りしたり、公園など公共の場で血糊作業をして地面にスプレーが着いている写真を載せたり、怪我人を出して本物の血を SNS に載せたり、明らかに社会的な迷惑をかけています。学園祭で学生が作るお化け屋敷は、学校の管理の範疇でみんなで力を合わせて協力して作ることに教育的価値があるのでしょうけれど、お客様からお金をとる事業でそれではいけません。お化け屋敷は学園祭でさえ本当は消防の許可を取る必要があり

ます。私は実力があると感じる人をこれまで弊社に雇いましたが、社会性の欠如している方は危険につながるので辞めていただきました。私が東京・お台場に「台場怪奇学校」（2004年開業）を作ったとき、特殊メイクの専門学校の生徒の中で優秀な人を集めて一緒に作りました。日本で特殊メイクの専門学校に行っても就職はほぼ無い状況でしたので、彼らに新たな活路を作り出したのです。お台場の商業施設というテーマパークではない場所でお化け屋敷を成功させましたので、テーマパークでなくとも可能だと思われるようになりました。だからこそ私は社会性あるお化け屋敷を作ろうと思います。私は昨年（2017年）会社を法人化しましたが、経営に集中してしまうとクリエイティブな仕事に時間を割けなくなりますので、マネジメント部門の人材を強化しています。同時に、やる気と能力のある人たちを育成し組織して、弊社のスタッフにすることを考えています。IR法案[27]が成立したら、ラスベガスのようにIR（統合型リゾート）内にテーマパークやレジャー施設を作るはずですので、弊社はそこにお化け屋敷を作ることを目指しています。これまで日本のテーマパークは海外からアトラクションを購入するケースが多かったですが、国内にこれだけお化け屋敷、ホラーアトラクションを作れる会社があると認知していただき、受注することを目指しています。そういった展望も含めて法人化しました。

予算配分

筆者　どのように予算配分していますか。衣装、造形、人件費、メイクなど消耗品費の予算は、全体の費用の何パーセントを当てていますか。

ヤマグチ　その比率は決めていません。高額になってくるのは人件費です。私は病院を舞台にしたお化け屋敷が多いので、白衣や医療機器は倉庫にスト

---

[27] IR法案とはカジノ法案のことである。日本では、IR推進法が2016年12月に成立し、IR整備法が2018年7月に成立した。カジノ税としてカジノによる収入の30%を徴収する。観光業と地域活性化が期待される。

ックしています。メイク道具一式も常に持っています。パネルは倉庫に保管しています。主催者様から予算をグロスでいただき、ほとんど外注しないで制作しますので、弊社の取り分が大きくなります。もし予算が足りない場合、売上の一部を成功報酬でいただく契約にしています。作家や漫画家でいう印税のような仕組みです。

筆者　そうなんですか。ビジネスの才能もおありですね。でもご自身でビジネスマンタイプとは思わないのですよね。

ヤマグチ　はい、表向きにはビジネスマンタイプとは言っていません。主催者様に強気に言えるのは、他のスタッフよりも私です。代わりの人材がいないからこそできることだと思います。一人でこれだけできる人材はお化け屋敷業界では私だけだと言われています。

プロデューサーとしてのキャラクター設定

ヤマグチ　私はホラーのプロデューサーとしてのキャラクターを求められることがあります。主催者様によっては、笑わない契約をすることもあります。ホラーのプロデューサーですのでヒールキャラを貫きたいと思います。バラエティ番組に出演した際、私が笑ったら編集されていたことがあります。

筆者　そうなんですか。ヤマグチさんの肩書はお化け屋敷プロデューサーですよね。

ヤマグチ　いいえ、私は昔から「ワン・アンド・オンリー」にこだわっております。お化け屋敷プロデューサーを名乗る人は他にもいらっしゃいますので、その肩書きは使っておりません。お化け屋敷のスペシャリストやホラーアトラクション・プロデューサーなどと呼んでいただくのは自由ですが。

お化け屋敷の公益性・社会性の必要性

筆者　当面の目標などはありますか。

ヤマグチ はい、あります。最近実現せずに終わった企画があり、この出来事をきっかけに気づいたことがあります。私が予定していたあるお化け屋敷が、国有地で開催される予定だったので国が「お化け屋敷は公益性が無い」と言ってきたのです。ついに国からそんなことを言われるようになったかと思いました。それで**公益性や社会性**を持たせたお化け屋敷を作ることの必要性を感じました。この点をもっと洗練させたいと思います。地元の長崎県庁で講演したり、行政の仕事をより受けたいと思うようになりました。それに出版など様々な活動に広げ文化的価値の高い事業にして参りたいと思います。

目標は本の出版

ヤマグチ 今のところ叶っていない夢は本の出版です。お化け屋敷のビジネスに興味がなかった企業の方々へ興味を示していただけるように、独自のメソッドによるビジネス書や、お化け屋敷制作のハウトゥー書、または恐怖の心理学的な分析、絶叫することによるストレス発散やセラピーなどでも書けると思います。幼少期からお化け屋敷を作ってきたことなど、全てまとめた企画書を作ってあります。

新しい職業を作り出した

ヤマグチ 地方にいると何もできない、東京じゃないとダメ、田舎では女優になれない、クリエイターになれないと言う人がいます。でも私は長崎にいながら地元の商業施設でお化け屋敷を成功させて東京に進出しました。私は地方に住みながら新しい自らの職業を創り出しました。地方にいてもできることはたくさんあると、お化け屋敷作りを通して地方の人に示したいと思います。

筆者 それは素晴らしいですね。

３．発見事項と考察

　本章では、ホラーアトラクション・プロデューサーとしてお化け屋敷を制作してきたヤマグチ氏にどのようにお化け屋敷を制作するのかインタビューし、次の点を明らかにした。

　第１に、同氏の会社は営業せず、広告費をかけないのに会社ホームページのお問い合わせにあるメールに新規案件や問い合わせが週 2〜3 くらいのペースで来る。メディアや SNS の効果は重要である。同氏の俳優業、テレビ出演、講演等も広報の役割を果たしている。

　第２に、同氏のビジネスモデルは、主催者から予算総額をもらい、全て自社で制作する。2017 年まで建築だけは外注していたが、建築士を採用して自社で建築もできるようになった。内装、特殊造形（お化けの人形）、特殊メイク、アクター採用、演出、運営など全てを自社で一括している。外注するより低コストで制作できるため、利幅が大きくなる。前作の共通パーツを使用することでコストカットできる。経済学では共通部分のコスト削減によるメリットを「範囲の経済性」という。範囲の経済性を得られるようになるためには、何作も作った実績が必要になる。一作だけ作るのでは共通部分が無い。全て新規に制作するため高コストとなる。何作も仕事が来る人になれなければ、共通部分のコストカットによるメリットを享受できない。新人お化け屋敷プロデューサーが経済的に苦しい理由もここにあるだろう。

　第３に、同氏の成功の秘訣は大人に怒られること、批判されることなどである。平凡でありふれたことをしても話題にならず、集客につながりにくい。大型テーマパーク内にあるお化け屋敷ならば、ホーンテッドマンションくらいの怖さのお化け屋敷があっても成功するかも知れないが、単体のお化け屋敷はそれのみを目的に来るため、怖さと質にこだわらないと集客できない。筆者は、ホーンテッドマンションくらいの怖さのお化け屋敷の方が万人受けして市場が大きいと思っていたが、実際は違うようである。

第4に、同氏は一人で企画立案、資金調達、衣装、特殊メイク、特殊造形、演出、演技指導、マーケティング、販売促進、広報、運営までこなす。同氏は子供の頃から「ワン・アンド・オンリー」にこだわり、誰もやったことが無いことをしている。同社では、クリエイティブな仕事の二代目の育成が課題である。

　第5に、大手テーマパークのアトラクションやショーは、巨額の予算を投じるので遣り甲斐があり、成長できるものの、制作者の名前を出せず、裏方のスタッフになる。プロデュース業では、過去の実績があるから次の仕事が来る。

　第6に、同氏はお化け屋敷のコンテンツメディア化を目指している。その背景には次の点がある。①昔からお化け屋敷は学園祭で学生が制作してきたため誰でも作れる低俗なものと思われている節がある、②ここ数年のお化け屋敷ブーム、ホラーブームでお化け屋敷プロデューサーを名乗る人が乱立し、彼らの一部は質の良いものを作れず、迷惑をかけている。本気でお化け屋敷プロデュースに取り組む人の作品とほぼ同額を客から頂いている。この状況に同氏は危機感を感じている。質の低いお化け屋敷により低俗なイメージが助長され、社会的により必要なくなる状況を防ぎたい。お化け屋敷のプロデュース業で生活できる人はほんの一握りである。同氏は裏で苦労していることを言わないので、容易に思われることが多いのだろう。

　第7に、同氏は新しい職業を作ることに成功した。地方では派手なことはできない、華やかなことは東京に住んでいないと無理という考えを打ち破った。今の子供の65%は、今は無い職業に就くことになると、アメリカのニューヨーク市立大学のキャシー・デビッドソン教授が発表した。例えば、数年前まで無かったYouTuberという職業の人が世界中で乱立し、トップの人はセレブ生活を公開して人気を呼んでいる。これから新しい職業が次々に生まれ、今ある職業は縮小されるだろう。人工知能に代替される職業が多い。単

純作業では大量の失業者を生むと見られている。独自性を生かした仕事能力を見つける努力が必要である。

４．まとめ

　ヤマグチ氏は言う。「いつも仕事のことを考えています。仕事中以外も仕事のことばかり考えてしまいます。仕事がオフの日はアトリエに行って色々クリエイティブな仕事をしています。」

　それはオフの日ではなく仕事の日なのでは・・・と筆者は思った。どの業界でも優秀な人材の共通点は仕事熱心なことである。才能を発揮する特殊な仕事であるものの、熱心だから才能を発揮するまでに成熟したと感じた。

第 7 章
プロデューサーにとってのキャラクター労働と運営方法
―ディズニーのキャラクター出演者の労働問題―

1．はじめに

　東京ディズニーリゾート（TDR）のキャラクター出演者がオリエンタルランドを提訴（2018 年 11 月、初公判）したことで、キャラクター労働の問題点が発覚した。この裁判は関心度が高く、メディア各社がこぞって報道した。メディア各社は各テーマパークにキャラクター労働がどのようなものか取材するも、「着ぐるみの中に人が入っているのではなく、そのようなキャラクター」という設定のため取材拒否が相次いだ。そんな中、東スポ Web（後述）が老舗着ぐるみメーカーに取材でき、一般的な着ぐるみ労働の概要が大まかに分かった。

　本章では、秘密のベールに包まれたキャラクター労働の運営方法をマイケルティー・ヤマグチ氏（詳細は第 6 章）へのインタビューにより解明を試みる。研究方法はインタビュー調査である。

　ヤマグチ氏はホラーアトラクション・プロデューサーとして数々のお化け屋敷をプロデュースしてきた。同氏は出演者を雇う立場にあり、自身もキャラクター出演者（お化け、ゾンビ等）の経験がある。同氏は出演者に演技指導を行う。さらに俳優業と映画の特殊メイクと演技指導の経験もある。

　なお、本章ではメディア報道での原告 A さんを F 氏、原告 B さんを G 氏とする。F 氏は過重労働で慢性の怪我（胸郭出口症候群）を負い休職、G 氏は上司ら 12 名からパワハラを受け、心の病を発症させ休職している。

2．TDR のキャラクター出演者の訴訟内容

　前稿（2019）でキャラクター出演者 2 名の過重労働とパワハラについて、オリエンタルランド・ユニオン（以降、ユニオン）の鴨桃代（かも・ももよ）

委員長へのインタビュー調査で明らかにした。前稿（2019）からF氏、G氏に何が起こり、何を訴えているのか、どのような問題があるのかまとめる。

F氏：重すぎるキャラクター衣装と過重労働で慢性の怪我を発症

F氏が着用するキャラクター衣装は、総重量10〜30キログラム（衣装自体の重さと給水袋、冷却用アイスノンの合計重量）で、女性にとって重すぎる。さらにショー・パレードは1回30〜45分間で、連続着用するには長すぎる。腕を大きく振る動作が多いので上肢に大きな負荷がかかる。強い海風に煽られて、倒れないよう踏ん張るため体に無理な負担がかかる。雨天中止にならない程度の雨の時、雨を吸って衣装がさらに重くなる。負荷の割に、演技と演技の間の休憩時間が短く、十分にクールダウンできない。胸郭出口症候群を発症する直前の2ヶ月間はショー・パレードの回数が極端に増えていた。

会社は**適正労働条件措置義務**を負うが、果たしていない。**女性労働基準規則**第2条第1項第1号、同3条において、16歳未満の女性労働者には8キログラム、成人女性労働者には20キログラム以上の重量物を取り扱う業務に従事することは禁止されている。オリエンタルランドの**安全配慮義務違反**によりF氏は上肢等に過度の負担のかかる業務に1年11ヶ月間従事した結果、慢性疾病である胸郭出口症候群を発症した。

会社は**健康把握義務**および**適正労働配置義務**を負うが、果たしていない。従業員の身体的不具合が生じた場合、直ちに正確に把握し、把握した後は出演停止、医療機関受診、休職の指示など、過重労働防止の措置をとる義務を怠った。さらにF氏の健康状態に応じて業務内容を軽減する義務を負うところ、これを怠った。具体的には直属の上司、スーパーバイザーがこれを怠った。

本疾病については2017年8月10日、**船橋労働基準監督署**より**労働災害認定**（労働基準法施行規則別表第1の2第3号4）を受けた。労働災害（以降、労災）は一瞬で怪我をする、切った、落ちた、転んだ、骨折した、捻挫した、

脱臼した、挟まれた、など分かりやすい怪我に対して認定されやすい。しかし慢性的に負荷がかかりすぎて発症した怪我には認定されにくい。

そのためF氏が労災申請しようとしたら、上司が「まず認められないから申請はやめた方がいい」などと言い、労災申請しないよう求めた。申請準備に当たって上司は非協力的な態度を一貫して続けた。さらに申請後、申請を取り下げるよう求めた。F氏は身体を負傷し、精神的に多大な苦痛を受けている。

G氏：上司・同僚ら12名からパワハラ被害

G氏はショー運営グループの出演者の先輩・後輩、上司のスーパーバイザーら12名から2013年頃からパワハラを受けてきた。オリエンタルランドは**安全配慮義務**として**パワハラ防止義務**を負っているが、これを遂行していない（労働契約法第5条）。上司はG氏がパワハラされてもかばわない上に、パワハラ行為に荷担した。

2018年3月公表の「『職場のパワーハラスメント防止対策についての検討会』報告書」では、①**優越的な関係**に基づいて（**優位性**を背景に）行われること、②業務の適正な範囲を超えて行われること、③身体的若しくは**精神的な苦痛**を与えたこと、又は就業環境を害することが、パワハラに該当する。

「職場のパワーハラスメント防止対策についての検討会」円卓会議はパワハラを次の6つに分類している。①暴行・傷害（身体的な攻撃）、②脅迫・名誉毀損・**侮辱・ひどい暴言**（精神的な攻撃）、③隔離・仲間外し・無視（人間関係からの切り離し）、④業務上明らかに不要なことや遂行不可能なことの強制、仕事の妨害（過大な要求）、⑤業務上の合理性なく、能力や経験とかけ離れた程度の低い仕事を命じることや仕事を与えないこと（過小な要求）、⑥私的なことに過度に立ち入ること（個の侵害）である。G氏は特にひどい暴言を受けたので、精神的な攻撃が主たるパワハラである。G氏は仲間外れ

にされ、常時複数名で行動する後輩より弱い立場に置かれることとなった。会社は**パワーハラスメント防止義務**を負うが、それを遂行していない。

　G氏はキャラクター・グリーティング中に、男性客から故意に右手薬指を反対側に折られて負傷（2013年1月労災事故）したとき、G氏は上司に警察に被害届を提出して労災を申請したいと言ったが、上司はそれらをさせなかった。出演者が我慢すれば良い、それで全て丸く収まる、という社風がある。パワハラは、**被害者の人格権を侵害**するものとして、民法709条の不法行為を構成する。そして**使用者責任（民法715条）**の対象でもある。

３．東スポWebの着ぐるみメーカー取材

　東スポWeb[28]が老舗着ぐるみメーカーに取材し、次のような回答を得た。

　　今はゆるキャラブームでキャラクターの中の人は市役所職員など素人が多い。素人向けに「軽い、着やすい、（視界が）見えやすい」着ぐるみが鉄則で、発泡スチロール製で重量5キロくらいが主流である。ディズニーのように何体も同じキャラクターが必要な場合、型を作って量産できるFRP（樹脂）の可能性がある。ディズニーの着ぐるみは重い上にフリルなどの装飾でさらに重量化するのではないか。ディズニーは最先端の研究をしているはずなので、着ぐるみではなく労働環境のせいではないのか。この老舗メーカーは、軽量の着ぐるみでも30分間連続着用は長いので体に負担が大きいと顧客（市役所等）に説明している。東スポWebの取材に対し、会社はF氏の勤務状況を「月に20日、拘束時間8時間30分（休憩1時間）の勤務で、1回45分のパレードに1日2回出演し

---

28 東スポWeb「"中の人"に労災認定　ディズニーの着ぐるみ労働は過酷なのか」（2017年11月23日）2017年12月1日アクセス
https://www.tokyo-sports.co.jp/nonsec/social/836824/

（園内を練り歩く）グリーティング（ゲストとの触れ合い）を30分間隔で1回30分×7回行っていた」と説明した。

４．インタビュー内容

＜概要＞

日時：2018年12月7日 17:00から18:30

会場：東京ビッグサイト（東京都江東区）

インタビュイー：マイケルティー・ヤマグチ氏（ホラーアトラクション・プロデューサー）

インタビュワー：中島 恵（筆者）

キャラクター出演者はサービス業で接客業

筆者 御社で出演者になりたい希望者は来ますか。

ヤマグチ はい、だいたい週に一人くらいのペースで出演者になりたい人からメールが来ます。

筆者 御社で出演者として働きたいという人で、ものになる人の割合はどのくらいでしょうか。

ヤマグチ それがほとんどものにならないです。お化け屋敷は文化祭の出し物にあるので誰でもできるように見えるらしいのですが、お客様からお金を取れるレベルの人は少ないです。大手テーマパークで出演者を経験した人が弊社に多く希望してきます。まず大手テーマパークで出演者経験がある人なら是非採用したいです。通常ハロウィンイベントは1ヶ月間くらいなので、それしかゾンビの役が無いのですが、弊社では一年中ゾンビの役があります。他のテーマパークでものになった人は良いのです。酷い人は普通リクルートメールに書かないことを書いてきます。例えば「私は無職で引きこもりで何の取り柄もないので、私でも何とかなる仕事はお化け屋敷だけだと思います。雇って下さい」とか「うちの息子はニートで引きこもりですが、雇ってもら

えませんか」とかです。社会的適正の無い人が来ます。リクルートメールに絵文字や顔文字を使う人もいて、ビジネスメールになっていません。絵文字を使っていなくても文末を伸ばす人もいます。携帯メールで送ってくる人もいて、セキュリティを厳しく設定しているようで、返信してもはじかれてしまい、我々が一生懸命書いたメールが届かずに終わります。売れてない俳優さんが「自分の可能性を試したいです」「何でもやるから雇って下さい」と書いてくることもあります。俳優さんなら即戦力が欲しいです。お客様からお金を頂いているので、俳優とは名ばかりで素人のような腕前の人ではお客様の前に出せません。育て甲斐のありそうな新人なら弊社で育てたいと思いますが、面接でそう思えない人が多いです。お化け屋敷だけでなく、私の映画の特殊メイクの現場に誘って育てることも可能です。でも質の低い人を雇ってしまうとクライアントやユーザーへ迷惑をかけてしまい、弊社の評価も下がります。

筆者 すごい人が来ますね。どのようなキャリアの人を採りたいですか。

ヤマグチ 学歴不問で、サービス業で接客経験が多い人が理想です。出演者はサービス業です。お客様を驚かす仕事であり、なおかつ**接客業でサービス業**です。ここを分かっていない人が多いです。

筆者 そういうことですか。キャラクターを通しての接客業なんですね。

ヤマグチ そうです。ただ暗くて引きこもりの人には無理です。ただし出演者は役者ですので、暗くて陰気なキャラクターを突き詰めてタレント性があって売れる人ならいいです。芸能事務所にそういうタレントさんがいるのは、突き抜けているからタレントとして需要があるからです。お化け屋敷内は暗くて顔を隠せて一人で孤立しているので、実はサボろうと思えばいくらでもサボれる仕事です。ディズニーなど大手ではアトラクションのゲストが途切れることは無いのでしょうけれど、他のお化け屋敷ではお客様が途切れたときは休憩できます。弊社ではお客様が途切れたときは休んだり喋っていていいです。お客様が来たら全力で仕事をしてくれればいいのです。素人を雇っ

てしまうと切り替えできないと思います。出演者は俳優さんなので、昼間に舞台などの仕事をして、深夜にバイトをして疲れているけど弊社の仕事にきてくれます。彼らはお客様に怖がられなかったら悔しがって演技を磨いてくれます。そうやって弊社では出演者にファンがつくようにしています。

出演者の選考基準と採用難のときの工夫

筆者　御社の出演者はダンスや演技力以外に身長や体格などでも選びますか。

ヤマグチ　はい、できるだけ長身で体格のいい人を採りたいです。お化けやゾンビの役では、小柄な人だと迫力が出ないです。モンスターのマスクは大きいので、小柄な人が着けると頭の大きさと身長の比率が合いません。弊社では、設計段階で小柄な出演者でも成立するように工夫します。上からお化けが登場するようにするなど、何か怖く見せる工夫をしています。

出演者は芸能人か労働者か

筆者　御社ではアドリブ可ということですが、ディズニーの出演者はアドリブ禁止だそうです。オリエンタルランドは「出演者は**芸能人、タレント契約**」と言うそうです。でもオリエンタルランド・ユニオンは春闘で「出演者は芸能人ではなく労働者」と主張して「**労働者性**」を問題にしたそうです。ディズニーの出演者は裁量権が無く、働いた時間によって時給が発生し、会社都合でシフトや勤務時間が変わり、細かい業務指示を会社から受け、業務に必要なものは会社から借り、振付師の指示に従って演じるそうです。だから労働者だと、ユニオンはおっしゃいます（中島, 2017）。

ヤマグチ　私は経営者として、プロデューサーとして出演者を雇う立場ですので、オリエンタルランド様の気持ちも分かります。会社が出演者の地位を上げて優遇すると、出演者がさらなる優遇を求める可能性があり、そこは怖いのでしょうね。弊社で昨年ある女性従業員を優遇したら、重い物は持てな

いと言って重労働を避けるなど、働きが悪くなりました。従業員に良くする
と報いるためにいい仕事をしてくれる人もいますが、つけ上がる人もいます。

筆者　さじ加減が難しいのですね。御社の出演者は芸能人という扱いですか。

ヤマグチ　芸能人になりたい人が多いです。彼らはすでに芸能事務所に所属
していて俳優としてドラマや映画に出ています。それに私のようになりたい
と言います。私はプロデューサーであり、映画やテレビに出ているので半分
芸能人のようなものです。私はお化け屋敷の**出演者を花形職業にしたいので
す**。私には出演者を安く扱おうという意識がありません。そうすると私の周
りの出演者も意識を高く持ってくれます。それは私が気を遣っているから維
持できるのだと思います。

筆者　それはいいですね。おそらくディズニーの正社員は出演者経験がない
ので、キャラクター労働の苦労が分かりにくいと思います。

適材適所

筆者　私は裁判を傍聴したのですが、Ｇさんは「いい役を取るには腕を上げ
るよりも上司に気に入られることが大事と感じました」と証言しました。御
社ではヤマグチさんに気に入られるといい役をもらえますか。

ヤマグチ　いいえ、そんなことはありません。適材適所で、その出演者の動
き、表現力、演技力などを見ますので、人間性が良くても本番で使えない人
では無理です。本番以外で気が利く人はただの仲良しです。お客様の前で使
えない人は、使えません。

キャラクター衣装の重さと暑さ

筆者　キャラクター衣装の総重量は 10 キロくらいとオリエンタルランドは
言いますが、実際には 25〜30 キロもある衣装もある、とユニオンの委員長
はおっしゃいます。冬でも熱中症になる人が出るほど暑いそうです。衣装の
中に冷却用アイスノンと給水袋を入れて総重量 25〜30 キロになるそうです。

衣装はキャラクターの頭と体の2つに分かれていて、頭が大きく重く、頭と体両方の重さが首、肩、腕、背中にかかるそうです。その箇所に過重な負担がかかり、Fさんは慢性の怪我を発症しました。他のキャラクターも、頭を大きく振ってうなずく動きが多いので、首のむち打ちになりやすいそうです。しかも海風にあおられて、大きい頭を風に持っていかれてむち打ちになるそうです。

ヤマグチ　キャラクターの頭が落ちないようにあごの前で留めると思います。そのため細くて弱い首に重さがかかってむち打ちになりやすいと思います。

筆者　腕を上げて手を振るシーンが多いので、腕と肩が疲れ、慢性の怪我を発症したそうです。またキャラクターの目の奥に出演者の目があるのではなく、キャラクターの口の部分に小さい穴が空いていて、そこから見るため視界が悪いそうです。ウォルト・ディズニー（1901〜1966年）が生きていた頃のカリフォルニア州アナハイムのディズニーランドは、地中海式気候で一年中ほとんど晴れ、雨はたいして降らず、夏は35℃を超えることもありますが、湿度が低く乾燥しています。温暖湿潤気候、今は亜熱帯性気候に近い東京の夏にキャラクター衣装、キャラクター労働は適していません。ウォルト・ディズニーはまさか死後、東京にディズニーランドができると思わなかったはずなので、東京の気候に合わせて作っていません。

ヤマグチ　カリフォルニアはカラッとしているのですね。東京では雨が降らない日でも出演者の汗を吸ってさらに重くなると思います。アイスノンを入れていると聞いて驚きました。今のキャラクター衣装は中にファンなどの冷却装置が入っています。ディズニーこそ最新の技術のキャラクター衣装を使っていると思っていました。

筆者　はい、私も驚きました。Fさんが怪我をしたのは2017年1月10日（成人の日・祝日）で、大混雑で激務のクリスマスシーズン後で、お正月イベントの後でした。怪我を発症する前の2ヶ月間、それまでより大幅にショー・パレードを増やされていました。シフト制で、スケジューラーというキ

ャストがシフトを組んでいるそうです。ショー・パレードは 1 回 30〜45 分間で、連続で着用するので大きい負荷がかかります。負荷の割に、演技と演技の間の休憩時間が短く、十分にクールダウンできません。そしてキャラクター衣装は重いものでは 25 キロ以上ある、とユニオンでお聞きしました。

ヤマグチ　そのシフトは多いかもしれませんね。弊社は顧客志向で従業員志向です。出演者が会社を良いと思って働いていないと、態度や表情に出てしまい、いいサービスができず、ゲストに伝わって顧客離れにつながると思います。さらには、お客様が出演者になりたいと思うことがあるでしょう。ディズニーでもゲストとして来場したときに、楽しそうで憧れて出演者を目指す人がいると思います。弊社でも「ああいうバイトがあったらいいな」というツイートをたくさん頂きます。だから弊社では出演者が自主的に楽しんで演じてもらうことを重視しています。筋書き、演技プランは決まっていますが、出演者の個性や特徴に合わせてアレンジしています。顔を出している出演者も、顔を隠している出演者も、それぞれにファンがついてほしいと思っています。弊社を良く思っていない出演者は、平気で仕事に穴を開けたりします。お化け屋敷の仕事は元々ネガティブな人が多く希望してきます。仕事内容としても、お客様が途切れると暗闇でずっと一人で待っているので、鬱病のような精神状態になります。変な人を採用してしまうと、突然仕事に来なくなったりします。元々鬱など心の病を持っている人に合う仕事と感じるかも知れませんが、真逆です。暗いところでお客様を驚かせる仕事は、お客様から手を出されやすいんです。驚いたお客様がお化けを叩いたり、突き飛ばしたりするのです。それで怪我をすることがあります。昔お客様からの暴行が嫌で突然来なくなった人がいます。だから今は素人をバイトで雇うことはなく、芸能事務所に所属する役者さんを派遣してもらっています。誰か来られなくなったら、事務所が別の役者さんを送ってくれます。芸能の仕事は一度でも穴を開けたらもう仕事をもらえなくなります。お客様からの暴力をうまくかわせる人なのか、私が面接で見極めるようにしています。皆さんプ

ロの役者なので、良い演技をするよう磨いてくれます。だから人件費が高くてもプロの役者さんを事務所から派遣してもらいます。

お化けやゾンビのキャラクター衣装の工夫

筆者　御社のキャラクター衣装はどのような工夫をしていますか。

ヤマグチ　弊社のキャラクター衣装は見た目は重く、実際は軽く、夏は涼しく、冬は暖かく作ってあります。お化け屋敷は夏は寒いくらい冷房をきかせ、冬でも寒いくらいの空調にしています。それでも出演者は動いていると暑くて汗をかいてきます。私は本物の廃墟でお化け屋敷を作ることがあるのですが、空調がよくきかないことがあります。以前私は長崎県の長崎オランダ村（ハウステンボスの前身）でお化け屋敷を作ったのですが、そこは空調があまりよくきかず、寒くできなかったので、白衣の衣装の背中をズタズタに引き裂いて通気性を良くしました。顔に着けるマスクは頭部を覆わず、顔の前面に貼り付けるだけにしています。頭部を覆うマスクを着けると、あごに汗が溜まります。今ゾンビブームでゾンビの格好をして表に出るケースがあるのですが、夏は汗をかいて特殊メイクが流れてしまいます。ゾンビメイクにとって汗は大敵です。ゴジラのようにラテックスなどゴム素材の衣装は、雨をはじきますが、通気する穴がない、つまり通気性がないので中は本当に暑いです。ゴジラでキャラクター・グリーティングは暑すぎて無理だと思います。ディズニーのキャラクター衣装は布なのでまだ通気する穴があるはずです。テーマパーク業界では、ハロウィンのモンスター系のコスチュームが増えています。10月前後限定なので、暑くなく寒くなくちょうどいいです。

客から出演者への暴力

筆者　ディズニーの出演者Gさんは、キャラクター・グリーティングで成人男性客に薬指を関節と逆の方に折られたので、上司に警察に被害届を出したいと言ったら、「エンターテイナーなんだから我慢しろ」と言われたそうで

す。御社のお化け屋敷で、お化けに驚いた人が出演者を突き飛ばすことはありませんか。これで怪我をしたら労働災害です。

ヤマグチ あります。すごく多いです。あるテーマパークでも、ハロウィンイベントで多くのゾンビとゲストがごった返す中、ゾンビを片っ端から叩いていくゲストがいるそうです。出演者は大勢のゲストから叩かれて怖くなってしまい、仕事中バレないように隠れ、仕事をしない出演者が何人かいると聞きました。弊社では今のことろ大きな怪我をした出演者はいません。事前に手を出さないようお客様に説明します。ホームページに書き、入口のポスターに書き、渡すチケットに書き、プレショールームで説明しています。読んでいなかった、聞いていなかったとしても、書いてありますと言います。弊社のハウスルールで、出演者に手を出したらお客様であっても途中退出して頂きます。出演者から殴られたという連絡が私に来ましたら、私が現場に急行してご説明してお帰り頂きます。お金を払ってると言われても、出演者に手を出した時点でお客様ではありません。返金もしません。

ハラスメント防止策

筆者 御社では先輩が後輩に、上司が部下にパワハラ、セクハラなどをしないようにどのような対策をとっていますか。

ヤマグチ 弊社では対策をとるまでもありません。普通の会社と違い、私がアーティストでプロデューサーで、周りがマネジメントに徹し、インターン生が私のような職業に就きたくて学んでいる状況ですので、そのようなハラスメントは起きません。私がキャラクターのような感じでもあります。弊社はほぼ 100％私指名で仕事のオファーが来るので、従業員は私をサポートする体制です。今は私ありきの会社ですので、このような体制になることを従業員は分かってくれています。みんな私に憧れて尊敬してくれて成り立つ体制の会社です。それにまだ従業員数がそれほど多くありませんので、従業員はみんな私の目の届く範囲にいます。私は俳優経験もあり、お化けやゾンビ

や死体の特殊メイク、演技指導の経験もあります。映画業界、テレビ業界はパワハラが多い世界です。監督が若い AD さん、照明さん、カメラマンさんなどを蹴る場面を何回か見ました。撮影所を借りている期間が限られている中、撮影が遅れていると、現場全体に気合いを入れるために若いスタッフさんが犠牲になってみんなの前で蹴られるようなことがあります。でも師弟制度ですので、本当は師弟愛があり、尊敬されている中で厳しく当たる監督もいるようです。

出演者の給与水準

筆者 F さんは 29 歳で勤続 2 年で時給 1,100 円、G さんは 38 歳で勤続 14 年で時給 1,630 円です。その結果、キャラクター出演者のほとんどは、月の手取り 19 万円台から 20 万円台前半だそうです。この給与水準はどう思いますか。

ヤマグチ オーディションに受かった人のお仕事にしては安い感じがしますね。弊社は時給制ではなく日当制です。俳優事務所から出演者を派遣してもらっています。彼らは売れているとは言えない状態ですので、時給 1,100 円でも十分嬉しい給料です。彼らは事務所に所属していて、ドラマ、映画、舞台などに主役ではありませんが出ています。弊社のお化け屋敷では日当 1 万 5,000 円で 5 時間勤務、11 時入り、17 時上がりくらいですので、時給 3,000 円です。交通費込みにするケースもありますが、それでも一日スケジュールを空けて来てくれますので、このくらいお支払いしたいと思います。彼らは売れているわけではないので、この時給は高い方です。出演者はオーディションの際、弊社での職歴を公表できて、SNS で発信でき、実績にできます。役者さんはお金よりも実績を求めます。実績があると次の仕事を取るのに有利です。

報道後も変わらぬ希望者数

筆者 ディズニーの出演者の労災や裁判のニュースが流れた後、御社で出演者になりたい人は来ますか。

ヤマグチ はい、報道前と同じように来ています。

筆者 それは良かったです。テーマパークの出演者という仕事が不人気になり、採用難になることは避けたいです。いい出演者がいてこそゲストは楽しめます。

5．発見事項と考察

　本章では、キャラクター労働の運営方法をマイケルティー・ヤマグチ氏へのインタビューにより解明を試みて、次の点を発見した。

　第1に、出演者は客を驚かせる仕事に見えるが、実は客をもてなすサービス業、接客業である。出演者の適正のある人は、サービス業で接客経験の多い人、少ないとしてもサービス精神旺盛な人である。

　第2に、同氏はお化け屋敷の出演者という職業を魅力ある職業、レベルの高い人が就く職業にしようとしている。同氏には出演者を安く扱う意識がない。そのため同社の出演者も意識が高い。同社の出演者の給料は、5 時間勤務で日当1万5,000 円（時給3,000 円）などである。同社での出演者経験を各媒体で発信できるため、次の仕事につながりやすくなる。

　第3に、キャラクターを叩くことでコミュニケーションを取ろうとする客が多いらしく、大勢に叩かれて怖くなる出演者がいる。出演者は自由に話せないので、会社が客に注意喚起すべきであろう。同社の出演者は守られている。同氏は経営者でプロデューサー、なおかつ出演者でもあるので出演者を守る意識がある。出演者が会社を良いと思って働かないと、態度や表情に出てしまい、いいサービスができない。それがゲストに伝わって顧客離れにつながるだろう。客として来場した際、こういう仕事をしてみたいと憧れる人が出てほしい。つまり将来の求人を兼ねている。だから同社は、出演者が自

主的に楽しんで演じてもらうようにしている。同社は素人をアルバイトで雇うことはなく、芸能事務所に所属する役者を派遣してもらう。誰か来られなくなったら、事務所が別の役者を送ってくれる。

　第4に、同社のキャラクター衣装は見た目より重く、実際は軽く、夏は涼しく、冬は暖かく作ってある。お化け屋敷は夏は寒いくらい冷房をきかせ、冬でも寒いくらいの空調にしている。それでも出演者は動いていると暑くて汗をかく。空調がよくきかない施設にお化け屋敷を作る場合、白衣の衣装の背中を引き裂いて通気性を良くする、顔に着けるマスクの頭部を覆わず、顔の前面に貼り付けるだけにする、ゴジラのように通気性の低い素材（ラテックス）は使わないなど工夫している。

　第5に、同社では出演者の動き、表現力、演技力などで適材適所に配置する。人間性が良いだけで良い役を与えることはない。同氏は出演者を雇う経営者でプロデューサーなので、オリエンタルランドの気持ちや苦労が分かる。同時に出演者経験から出演者の状態や苦労も理解している。

６．まとめ

　オリエンタルランド・ユニオンの委員長は「出演者もキャストもみんな『ゲストがあれほどの笑顔を投げかけてくれる仕事は他に無い』と言います」と言う。オリエンタルランドは出演者やキャスト（アルバイト）に遣り甲斐ある仕事を提供できている。今のうちに労働環境や処遇を改善したらどうか。

　ディズニー裁判が報道されると、キャラクター労働がいかに重労働か検証する番組が出た。それで出演者を希望する人が減り、テーマパーク業界全体で出演者のレベルが下がるのではないかと懸念した。しかし同氏の会社に出演者を希望してくる人は、ディズニー裁判前と変わらない。その点は良かった。ディズニーだけでなく、出演者を雇う立場の人にはこの機会に是非とも改善して頂きたいと思う。

ウォルト・ディズニー（1901〜1966 年）は死後、東京にディズニーランドができると思わなかったはずである。そのため東京の気候に合わせてキャラクター衣装は作られていない。ウォルトが生きていた頃の米カリフォルニア州アナハイムのディズニーランドは、地中海式気候で一年中ほとんど晴れ、雨はたいして降らず、夏は暑いが、湿度が低く、乾燥した爽やかな気候である。それに対して、日本は温暖湿潤気候で、今の東京の夏は亜熱帯性気候に近い。高温多湿・多雨で蒸し暑い。海に面しているので海風が強い。現在の東京の気候に合わせてキャラクター衣装を改良したらどうだろうか。

＜参考文献＞

- 中島　恵（2017）「オリエンタルランド・ユニオンの功績−東京ディズニーリゾートの非正規雇用問題改善中−」『労働法律旬報』2017 年 1 月合併号 90–98 頁
- 中島　恵（2019）「オリエンタルランド・ユニオンの功績（その 3）−労災認定とパワハラ訴訟」『労働法律旬報』2019 年 1 月合併号 95–105 頁

第8章　新横浜ラーメン博物館の岩岡洋志社長

1．はじめに

　新横浜ラーメン博物館は 1994 年 3 月、日本初の食をテーマとする体験型テーマパークとしてオープンした。ラーメン店とラーメンをアトラクションと捉え、明確なテーマ設定による内装、ラーメンに関する深い知識と資料の提示、楽しめる設備の設置もあわせて行うことで、飲食店の集合体ではなくフードテーマパークという新業態を確立した。

　本章では、新横浜ラーメン博物館（以降、同館）の創業社長、岩岡洋志（いわおか・ようじ）氏がどのような経緯で同館を設立し、どのようにプロデュースしたのか考察する。岩岡氏はプロデューサーと名乗っていないが、企画立案、資金調達、人材獲得、人材育成、制作指揮、広報、広告、営業などを担ったためプロデューサーと言える。

　研究方法はインタビュー調査と文献研究である。同館は「日経ビジネス」「日経レストラン」「エンターテイメントビジネス」「レジャー産業資料」「商工ジャーナル」等のビジネス雑誌に特集されてきた。

　新横浜ラーメン博物館は、横浜市港北区新横浜 2 丁目に位置するフードテーマパークである。代表取締役、岩岡洋志氏、資本金 3,000 万円、1993 年 8 月 1 日設立、従業員数 150 名（2020 年現在）である。事業内容は、新横浜ラーメン博物館の運営管理、新横浜 L'ENTRACTE（飲食店が入るビル）の運営管理、飲食店・物販店の運営、館併設駐車場管理運営である[29]。

2．新横浜ラーメン博物館の社史概要

　ここでは、チームナンジャ（2003）を中心に岩岡（2010）もあわせて、同館の社史を簡単にまとめる。

---

[29] 新横浜ラーメン博物館公式 HP　2020 年 9 月 5 日アクセス
http://www.raumen.co.jp/home/company.html

同館は創業者、岩岡氏の父親が所有する 280 坪の土地をどう有効活用するかというところから始まった。同氏の父親は新横浜で不動産会社「興新ビル」を経営していた。当時の新横浜に足りないものは、飲食、駐車場、話題性の三要素であった。岩岡氏がそれを思いついた 1991 年 3 月は、バブル景気が若干落ち着いたものの、新横浜は東海道新幹線が止まる JR 新横浜駅の徒歩圏なのでオフィスビルの需要は堅調であった。そのためそのエリアの地権者にはオフィスビルの建設と賃貸業が最も堅い事業と言われていた。企業の一括借りの話が数多で、それが安泰な事業であった。

　しかしその地に生まれ育った岩岡氏は、続々とオフィスビルが建ち並び、休日はゴーストタウンと化す冷たく界隈性の無い街に憂いを感じていた。それ自体に話題性があり、集客力を持った施設を作りたいと考えた。

　しかしビルを建設することの事業収支と比較すると、それ以上かそれと同等の収支を得られる事業となると限られてくる。新横浜で最も事業収支を上げられる事業はオフィスビルである。同氏は収支とアイディアを両立させるプランをいくつか考えたが、本当に納得いく事業になかなか辿り着けなかった。同氏は事業収支をかなぐり捨てて大胆なアイディアを出したのである。

　そのプロジェクトに当たり、新横浜に足りない三要素として、飲食、駐車場、話題性を抽出した。その柱となる飲食の部分は庶民性があり、普遍的で多様性があり、老若男女が楽しめる食べ物という理由でラーメンになった。同氏が無類のラーメン好きで、全国のおいしいラーメンを飛行機に乗らずに食べ歩けたらとの思いが決め手になっている。そこに地主である父親の英断でこのプロジェクトが始まった。個人事業にしては巨額な総事業費 34 億円（うち内装だけで 10 億円）の事業が始まったのである。この時点で 1991 年 3 月であった。

　同氏は全国のラーメン店を旭川から鹿児島まで実際に足で歩いて周り、約 1,000 店を訪れた。しかしまだオープンしていない同館に誘致することは困難を極めた。まだフードテーマパークというビジネスモデルがない時代であ

る。同氏の努力で1994年3月の開業までに全国から8店舗誘致することができた。その中には札幌の「すみれ」など有名店が多数ある。

　同館はクオリティの高さもあって大きな話題を呼び、マスコミに多数取り上げられた。入場者数は初年度約150万人、2年目約124万人、3年目約111万人、4年目が約117万人と落ち込みを見せた。

　危機を感じた同館は様々なイベントを実施するも回復せず、設立の原点である「地域に根ざした郷土料理としてのご当地ラーメン」が世間に理解されていなかったので、旭川、和歌山等のご当地ラーメンを「新横浜発、日本ラーメン紀行」と称して紹介した。また博物館としての機能のレベルアップとして「新ご当地ラーメン創生計画」を始めた。新進気鋭のラーメン職人を発掘する「ラーメン登竜門」など新しいラーメン文化創出という視点に基づく企画を行った。ラーメンのことは何でも同館に聞けと頼りにされるようになり、多くのテレビ番組で取り上げられた。マスコミのみならず一般の人からのラーメンに関するお問い合わせにも熱心に調べて回答し、日本のラーメン文化の情報収集と発信基地になっている。つまり博物館としての機能を向上させ、文化的なレベルアップを図ったのである。それらの成果が出たのか、その後、5年目約138万人、6年目約154万人、7年目約152万人、8年目約149万人と集客数を維持している。

同館のビジネスモデル

　岩岡氏はラーメンの現状を知るために徹底的にラーメンを食べ歩き、ラーメンは地域の風土に育まれた庶民の食文化であり、この食文化をきちんと紹介しなければならないという使命感から、単なる飲食店街ではなく、ラーメンの文化を紹介する博物館へと構想が膨らんでいった。

　しかし出店する店舗の誘致は困難を極めた。見知らぬ個人企業が横浜に出店してくれと言っても誰も相手にしてくれなかった。出店してくれるラーメン店にはできるだけ負担をかけさせたくないので、店舗の内装造作設備費は

全て同館が負担、賃料は売上に応じた料率性で、売上が上がるほど料率は下がり、最低保証家賃も設けなかった。しかしそんなうまい話は詐欺と思われ、門前払いされることが多かった。同氏は何度もその店に通いつめ、信用を得て、8店舗の出店に至った。

同館は博物館として高いクオリティを維持するため、入場料を設定している。大人300円（2020年現在380円）、子供100円である[30]。入場料を設定するかしないかについて、最後まで議論したが、設定するに至った。

300円程度入場料を徴収するのは、フードテーマパークのスタンダードになりつつあり、多くの施設で設定している。しかし入場無料の施設も多い。入場料無料にして、なおかつ魅力ある環境演出をするのは難しい。入場料を設定している施設は、特に施設部分の魅力が必要となる。フードテーマパークは、店舗や環境演出をアトラクションと捉えてアミューズメント性、エンターテイメント性が売りになる。

同館はぬくもりのないコンクリートの街に人情、人間味をという同氏の思いから始まっているので、昭和33年の夕暮れの下町がテーマである。この演出はデザイン会社の株式会社G&Dによる。ラーメンを五感で味わうための精巧な舞台装置と考えている。

テナントの誘致は、必ず同氏やスタッフが自分の足で歩いてそこで飲食する。誘致に3年もかかったのは、同館が後ろ盾を持たないことと、納得のいく店舗の発掘にこだわったからである。誘致の際、その店舗のテーマ、切り口の設定をし、その店舗の同館での存在意義を明確にする。そしてその店舗の利益になることを考える。つまりwin-winになる提案をする。

プロモーションは同館が一括して行う。フードテーマパークのプロモーションはマスコミに取り上げられる話題性を作ること、つまり広報戦略が重要となる。できるだけ広告宣伝費をかけずに、当該施設の存在やイベントを広

[30] 新横浜ラーメン博物館HP　2020年9月5日アクセス
http://www.raumen.co.jp/home/company.html

く消費者に知らせる必要がある。広告費が潤沢だとしても、費用が多いと利益を圧迫する。フードテーマパークの魅力は総投資額の低さとそれによる利益回収期間の短さである。例えば、富士急ハイランドのドドンパ（絶叫マシン）が30億円であるのに対し、ナムコ・ナンジャタウン（東京・池袋）の餃子スタジアムの総投資額は4億円である。テーマパークで数年に一度必要と言われる追加投資も、店を入れ替えることなら低コストである。飲食施設は利益率が高く、固定費も安価とナムコの池澤守氏（ナムコ・ナンジャタウン総責任者。第9章参照）は述べている[31]。

3．インタビュー内容

＜概要＞

日時：2011年8月17日

会場：同社で2時間程度

インタビュイー：①岩岡洋志氏、②営業戦略事業部 Sales Manager（海外担当）の一重治氏、③営業戦略事業部広報・宣伝課長の中野正博氏（肩書は当時のもの）

インタビュワー：中島 恵（筆者）

創業目的とその背景

　同館の設立目的は新横浜の活性化である。岩岡氏は「地域活性化を通して地域貢献したいと思いました」と言う。岩岡氏は、新横浜の地域活性化が必要な理由をこのように言う。

　1964年、東京オリンピックに際して新横浜駅に東海道新幹線が開通した。それに伴い農地（稲作農業）が商業地に変更された。当時の新横浜周辺の地主は農家であった。しかし当時は商業地として泣かず飛ばずで、新横浜は寂

---

[31] 2002年7月9日　日経 MJ（流通新聞）20頁「テーマパーク『ナンジャタウン』、手軽な餃子でおいしく」

れた街となってしまった。転機は 1985 年前後に訪れた。当時、東京都心のオフィス街にもドーナツ化現象が起こり、新横浜もオフィス街に変わっていった。しかし休日はゴーストタウンと化していた。それは、当時住宅地にならず、マンション建設不可だったので、居住者がいなかったからである。

　岩岡氏は「最初、空間のテーマパークを作ろうと思いました」と言う。つまり最初の発想は飲食街ではなくテーマパークであった。そして同社はそれをフードアミューズメントパークと命名し、後にナムコがフードテーマパークと命名し、それが定着したと岩岡氏は言う。

　岩岡氏がこの事業を思い立ったのは 1991 年 3 月で、当時はバブル景気だったため飲食店といえばフレンチ、イタリアン、エスニックなど高級志向であった。岩岡氏は「当時はラーメンなんかと言われた時代でした」と言う。しかし 1990 年代半ばから日本ではラーメンブームが起こった。当時の日本はバブル崩壊後の平成不況であった。

　岩岡氏の父親の個人企業である興新ビルは、父親の資産（土地・建物）の管理会社である。設立に際して、その子会社の休眠会社を株式会社新横浜ラーメン博物館に社名変更した。総工費 34 億円であった。その内訳は父親の会社から 24 億円出資してもらい、10 億円をラーメン博物館名義で銀行融資を受けた。当時はバブル景気で、280 坪で 60 億円ほどの資産価値であった。同社はその土地を担保にした。バブル期に新横浜に土地を持っていたため、銀行融資は難しくなかった。岩岡氏は「これを言うと、なんだ、親の土地に親の金で、と思われるので、あまり言いたくないんです」と言う。

　経営学的には、親会社（興新ビル）が子会社に出資して新規事業に参入、不動産業からフードテーマパーク事業への非関連多角化と言える。

　岩岡氏は、開業前はこのコンセプトを理解できる人がいなかったため様々な困難があったと言う。当時新横浜ではオフィスビルの建設と賃貸業が堅かったため、家族は皆この事業に反対した。ラーメン店の店主もこのコンセプトを理解できず、相手にしてもらえないことが何度もあった。誘致しようと

したラーメン店は、出店しようとしない店がほとんどであった。岩岡氏は「情熱と熱意と若さで頑張りました」と言う。

開業後の広報戦略

　「マスコミのおかげで成功しました」と岩岡氏は言う。同館は開業前から開業日にかけて日本テレビで1時間のドキュメンタリー番組が制作され、放送された。さらに、テレビ、新聞、雑誌、大手プロバイダー等の公式サイトのニュースに掲載されるなど、広報が成功した。特にYahoo! JAPANのトップページに載ると同館のホームページのアクセス数が急増し、普段の8倍になると中野氏は言う。2011年も毎月20本程度のマスコミ取材を受けた。しかし新店舗が入るだけではマスコミ露出は無くなったと中野氏は言う。最近（2011月8月当時）、マスコミで盛んに取り上げられたのは、中野氏のアイディア「節電ラーメン」という企画であった。2011年3月の東日本大震災で福島第一原発の放射能漏れによる原発停止、それによる電力不足で2011年の夏は全国的に節電が課題となった。節電ラーメンとは、体を冷やす食材を使った冷やし中華や冷やしラーメンの総称である[32]。

　同館はこれまで多数の誘致を受けてきた。特に商業施設やディベロッパーからコンサルティングや出店以来を多数受けてきたし、現在も受けている。しかし岩岡氏は「集中していい仕事をしたいため多店舗展開は考えていません」「**新横浜に特化**しています」「我々は、商人ではなく**武士**です」と言う。同館の充実、売上、利益の維持、質の高いものを出し続けるなど非常にこだわった仕事を進めている。

　また同館は様々なラーメン店から出店したいという申し込みを受けたし、今も受けることがある。しかし岩岡氏は、同館に合っている店を**地域や種類**

---

[32] 例えば、2011年6月25日　日本経済新聞地方経済面　神奈川　26頁「新横浜ラーメン博物館、『節電ラーメン』競演熱く、トマト・パイン・・・ひんやり。」で取り上げられている。

のバランスなどを考慮して一本釣りするので、今のところ出店希望を受けたことは無いと言う。同館の成功とともに、ラーメン店は同館に出店することが成功の証、ステータスとなった。しかし岩岡氏は、同館は「地域に根ざした郷土料理としてご当地ラーメンを紹介するアンテナショップ」と言い、出店希望を受けていない。

事業の状態

　岩岡氏によると、同館に出店しているラーメン店はテナント料を売上に応じてある割合で支払う（18％程度が平均）。これは他のフードテーマパークやフードコートより高額である。それは同館のブランド力や知名度と、内装を全て同館が負担するからである。ラーメン店はアルバイトを直接雇用し、人材育成し、給与を支払う。一店舗の平均売上高は年間約1億円である（2011年8月当時）。

　同館の従業員は、管理部門、営業、広報等で66名である。アルバイトは共通部分（入口、現業等）で約160名登録されており、常に20〜30名で業務を行っている。

　同館の従業員は福利厚生を兼ねる社員食券を購入し、割安でラーメン店で飲食できる。社員食堂の役割も果たしている。これにより売上低迷などの問題をラーメン店と同館従業員で一緒に改善していく。岩岡氏、一重氏、中野氏は「売上が低迷する店舗はすぐに理由が分かります」と口を揃えて言う。味、サービス、待ち時間、清掃などがその要因で、特にサービスが重要と言う。これには福利厚生と改善を同時に行う機能がある。

　岩岡氏は同館の仕事は大きく2種類あると言う。第1に現場での現業で、売上獲得のための重要な仕事である。第2に企画、プロデュース、広報で、顧客に楽しい夢を売る仕事である。これは集客のための重要な仕事である。

　同館はビジネスモデルをオープンにしている。それはナムコの著書や様々な雑誌に載っている。そのためほとんどのフードテーマパークで同館のビジ

ネスモデルが模倣されているようである。特に昭和 30 年代の下町の夕暮れ風景は多くの施設で模倣されている。これについて岩岡氏は「弊社のビジネスモデルが真似されることは光栄なことです。でもそれで失敗する施設がありますと、弊社のビジネスモデルの価値が下がると思います」と言う。

新横浜ラーメン博物館は現在上場していない。上場に関して、岩岡氏は「上場は考えておりません。必要ないと思っております。以前上場したいと考えたことがありますが、当時は売上が多かったですからやはり上場しませんでした。上場の目的は市場からの資金調達以外に考えておりません」と言う。

同館は社員からの提案を広く受ける社風である。直属の上司を通して岩岡氏に提案することができる。岩岡氏は青山学院大学卒業後、大日本製紙の子会社の専門商社に勤務した。その経験から直属の上司を立てる社風を取り入れている。岩岡氏は「社員が直接私に提案できる制度にすると、社員は直属の上司よりも私を見てしまいますので、上司を立てるように言っております」と言う。

同館とラーメン店は対等な関係

岩岡氏は「ラーメン店と弊社のパワーバランスはフィフティ・フィフティです」と言う。それは「うち（同館）がそのラーメン店に出店依頼するか、しないか決めますが、ラーメン店は出店するか、しないか決めます。出店後、ラーメン店は撤退するか、営業を継続するか決める権利があります。でも損益分岐点を下回ったらもう店がもちませんので、営業継続不可能となり、ラーメン店は撤退します。ただし、今までの卒業ラーメン店は営業継続不可能となり撤退したのではなく、利益がありながらも地域バランスや次の紹介ラーメン店等を双方で協議し、理解いただき卒業しています」と岩岡氏は言う。

海外展開への意欲

　岩岡氏は「昔からずっと海外展開を計画しております。でも慎重に考えています。これまで海外の企業からコンサルティングや出店依頼をたびたび受けてきました。香港の企業から香港ディズニーランドの隣にラーメン博物館を造ってほしいという依頼を受けたこともあります。それ以外にも、アメリカ、中国、台湾、タイなどの国の企業から出店またはコンサルタント依頼を受けたことがあります。でも今のところ全て辞退しています」と言う。

　岩岡氏は「海外展開の目的はラーメン文化を海外に広げることです。その場合、テーマは『ラーメン＋α』で、αの部分は現在検討中です。海外の施設も単独で黒字を出すことを目指します」と言う。

　海外進出の形は施設の設立だけではない。同館は海外でのラーメンの通信販売の強化を目指していると岩岡氏は言う。しかし、国・地域によって食品の輸入には様々な規制があるため、輸入は難しい。そのため海外で製造し、海外で通信販売事業を始めたいと岩岡氏は言う。既存の日本企業で海外に工場をすでに持つ企業と共同で始めたいと三氏は言う。

横浜を代表する観光地に成長

　同館は、横浜市の観光誘致の主力施設として挙げられるまでに成長した。岩岡氏の創業目的であった新横浜の地域活性化とそれによる地域貢献を果たしている。

　2010年7月3日、林文子・横浜市長は上海市で開かれた「横浜観光セミナー」に参加し、地元のメディアや旅行会社に観光誘致した。両市は友好都市である。林市長は同館や横浜・八景島シーパラダイスを紹介した[33]。

　2011年1月、横浜市の山下町と新横浜地区のホテルや観光施設は、それぞれ協議会を設置して国際会議やイベントなどコンベンション関連の誘致を始

---

[33] 2010年7月3日　日本経済新聞地方経済面　神奈川　26頁「横浜市長が観光客誘致、上海でトップセールス」

めた。新横浜地区で、同館、横浜アリーナ、新横浜プリンスホテルなど約 20 団体による協議会が結成された。なお、2009 年の都市別の国際会議開催件数は、1 位、東京 23 区、497 件、2 位、福岡市、206 件、3 位、横浜市、179 件、4 位、京都市、164 件、5 位、名古屋市、124 件である[34]。同館の外国人比率は約 7%と、横浜市内のどの観光施設よりも高い、と中野氏は言う。

国際会議は高収入の外国人を呼ぶことができる。彼らをホテル、飲食店、交通機関などに誘導し、総合的に売上を上げられる。そのため**日本政府観光局（JNTO）はMICE（マイス）の日本誘致**に取り組んでいる。MICE とは企業等の**会議（Meeting）**、企業等の行う**報奨・研修旅行**（インセンティブ旅行：**Incentive** Travel）、国際機関・団体・学会等が行う**国際会議（Convention）**、**展示会**・見本市・イベント（**Exhibition**/Event）の頭文字を使った造語で、これらのビジネスイベントの総称である[35]。

3．発見事項と考察

本章では、新横浜ラーメン博物館の創業者、岩岡氏がどのような経緯で同館を設立し、どのようにプロデュースし、成功させたのか考察した。

第 1 に、同館設立の目的は新横浜の地域活性化と地域貢献であった。1964 年に東海道新幹線の新横浜駅が開通し、農地が商業地に変更されたものの、商業地として成功していなかった。1985 年前後に東京都心のオフィス街がドーナツ化し、新横浜もオフィス街に変わった。しかし休日の新横浜はゴーストタウンと化していた。岩岡氏は、新横浜が地元なのでそれを憂えて同館を企画した。その後、横浜市長に横浜を代表する観光施設と言われるまでに成長した。

---

34 2011 年 1 月 26 日　日本経済新聞地方経済面　神奈川　26 頁「山下町、新横浜、ホテルや観光施設、会議・イベント誘致へ域内組織」
35 日本政府観光局「MICE とは」2020 年 12 月 29 日アクセス
https://mice.jnto.go.jp/about-mice/whats-mice.html

第2に、岩岡氏がこの事業を思い立った1991年3月はバブル景気だったので、飲食業界はフレンチ、イタリアンなど高級志向で「ラーメンなんか」と言われた時代だった。しかし1994年に開業した時、バブル崩壊後の平成不況でラーメンブームが起きていた。岩岡氏がマスコミのおかげで成功したと言うほど、テレビ、新聞、雑誌などに掲載された。特にYahoo! JAPANのトップページに載ると同館ホームページのアクセス数が急増し、普段の8倍になる。

　第3に、開業前はこのコンセプトを理解できる人がいなかったため、ほとんどのラーメン店は出店を辞退した。当時新横浜ではオフィスビルの建設と賃貸業が堅かったため、家族は皆この事業に反対した。

　第4に、同館に出店しているラーメン店はテナント料を売上に応じて支払う（18%程度が平均）。同館のブランド力、知名度、内装を全て同館が負担することにより、他のフードテーマパークより高額である。一店舗の平均売上高は年間約1億円である。1杯800円とすると、年間1億円を売り上げるためには、年間12.5万人、1日平均342人の来店が必要となる。毎日342人が来店するラーメン店の集客力はすごい。同館に集客力があるとはいえ、この客数を維持できるラーメン店は非常に人気店である。計算式は次のようになる。

単価800円　×　1日に342人　×　365日　≒　約1億円

　第5に、岩岡氏は、同館とラーメン店のパワーバランスはフィフティ・フィフティ、対等と言う。それは、①同館がそのラーメン店に出店依頼するかしないか決める、②ラーメン店は同館に出店するかしないか決める、③ラーメン店は同館から撤退するか営業継続するか決めるからである。

　第6に、同館の従業員は福利厚生を兼ねて割安でラーメン店で食事できる。三氏ともに売上が低迷する店舗はすぐに理由が分かると言う。味、サービス、

待ち時間、清掃などがその要因で、特にサービスが重要である。売上低迷などの問題をラーメン店と一緒に改善する。これには福利厚生と改善を同時に行う機能がある。

　第7に、同館の仕事は大きく2種類、①現場での現業で売上獲得、②企画、プロデュース、広報で、集客のための重要な仕事である。同館はビジネスモデルをオープンにしており、ナムコの著書や様々な雑誌に載っている。そのためほとんどのフードテーマパークで同館のビジネスモデルが模倣されているようである。

　第8に、同館は海外展開を計画しており、テーマは「ラーメン＋α」、αの部分は検討中である。同館はこれまでアメリカ、中国、台湾、タイなどの企業からコンサル依頼や出店依頼を受けたが、辞退してきた。岩岡氏は、海外展開の目的はラーメン文化を海外に広げることと言う。岩岡氏はやみくもに利益を上げようとするのではなく、ラーメンを日本の食文化、郷土料理として広げたいと考えている。

4．まとめ

　「我々は、商人ではなく武士です」と岩岡氏は言う。

　岩岡氏は利益を追求する商人より、ぶれない意志を持つ武士と感じた。岩岡氏はこの意志により安易な多店舗展開や海外出店に食いつかないのだろう。日本全体におけるラーメン店の出店数の多さと閉店率の高さは、ニュースや情報番組で特集される。

　岩岡氏は「ラーメン博物館は地域に根ざした郷土料理としてご当地ラーメンを紹介するアンテナショップ」と言う。同館が別の地名を冠して「〇〇ラーメン博物館」というフードテーマパークを作れば、話題性があり、一定のコンセプト使用料のようなものを得られるだろう。しかし話題性だけでは長続きしない。安易に多店舗展開しない姿が非常に潔い。

<参考文献>

- 岩岡洋志（2010）『ラーメンがなくなる日』主婦の友社
- 株式会社ナムコ　チームナンジャ（2003）『フードテーマパーク　プランニング＆デザイニング』綜合ユニコム

第9章
ナムコのフードテーマパーク・プロデュース事業

1．はじめに

　2000年代前半にフードテーマパーク産業の設立ラッシュが起こった。1994年の新横浜ラーメン博物館（第8章）の開業に端を発したフードテーマパークは、2000年代前半に設立ラッシュを迎えた。全国に数十のフードテーマパークが設立され、厳しい生存競争を経て淘汰され、洗練されていった。

　このフードテーマパーク産業は新横浜ラーメン博物館の成功に始まり、ナムコのプロデュースで開花し、他社の参入ラッシュを迎え、淘汰され、実力ある施設だけが生き残ることとなった。ナムコは自社でフードテーマパークを成功させ、そのノウハウを持ってプロデュース、コンサルティングを行った。

　米ウォルト・ディズニー・パーク＆リゾートも、2007年4月、日本で新型の娯楽施設を開業する計画を明らかにした。立地を重視した小型施設の展開を計画し、早ければ2010年に実現する見通しであった[36]。

　本章では、株式会社ナムコのフードテーマパーク・プロデュース事業の経緯から成功要因を考察する。

2．フードテーマパーク産業の概要

　2000年代前半に入ってフードテーマパーク（特にラーメン施設）が急増した。そのビジネスモデルは新横浜ラーメン博物館である。1994年にオープンした新横浜ラーメン博物館は、ラーメン施設には不適なビジネス街にありながら、その後も年間150万人程度の来客数を誇る。「多店舗展開しない希少性の高い優れたラーメン店を発掘・誘致し、各地のラーメン文化を紹介する場」というのが開業時からの経営方針である。店舗のラインナップ、昭和30

---

[36] 「日経ビジネス」2007年4月16日号　8頁

年代をイメージした館内の雰囲気、ラーメンに関する様々な知識を得られる展示物などの点で、娯楽性を備えている[37]。

フードテーマパークは施設名で何をテーマにしているか分かる。地名が入っているものが多い。例えば、「小樽運河食堂ラーメン工房」「津軽ラーメン街道」「ラーメン国技館仙台場所」「池袋ひかり町ラーメン名作座」「台場小香港」「小田原城下らーめん宿場町」「清水すしミュージアム」「泉ヶ丘ラーメン劇場」などである[38]。

需要喚起の仕組み

フードテーマパークの特徴は、客は大して空腹でないのに並んでまで入りたがり、「食べた」ことに満足せず、「食べられなかった」ことを悔しがることにある。すなわち、全店を制覇したい欲求が、需要が無い（空腹でない）のに購買を喚起させる仕組みである[39]。

フードテーマパークが急増した理由

フードテーマパークが急速に増加した理由は、消費者にとっては、①全国各地からその地方で評判の名店が集まっており、現地に出向かなくても一ヶ所でそれら名店の味を食べ比べることができる「利便性」や「希少性」、②施設の内外装にレトロな街並みを再現したり、その地方の食文化が学べる演出をするなど、飲食店街にとどまらない非日常的な空間が魅力になったためである。一方、施設を運営する企業にとっては、①新横浜ラーメン博物館などの成功を見て商業施設の管理・運営を行う企業が、フードテーマパークが持つ話題性と集客力に魅力を感じるようになった、②フードテーマパークを誘致することで既存の商業施設全体の集客力アップが期待されたからである。

---

[37] 「日経レストラン」2004 年 4 月号　84 頁
[38] 「日経レストラン」2004 年 6 月号　35-36 頁
[39] 「日経レストラン」2003 年 11 月号　53 頁

2000年以降、新規事業としてフードテーマパークのプロデュースを手がける企業が次々に登場し、企画力を競うようになった。それまでショッピングセンターなどの飲食テナントには大手外食チェーン店が入ることが多く、結果としてどこも似たレストラン街になっていた。そこに差別化できるコンテンツビジネスが登場したのである[40]。

町おこし、地域活性化、地産地消につながる

フードテーマパークは短期間でかなりの集客が見込め、比較的**初期に投資回収できる**のでブームが加速した。2004年になると、都会から地方に拡大する傾向が見られた。地方は車で移動するため、遠方からの集客も見込める。またフードテーマパークが乱立気味の都会と違って、地方はまだまだ競合施設が少ないため、独占的な強みを発揮できると期待された。施設開発にあたって事前に行われるアンケート調査で「私たちの街にできて欲しい施設」にフードテーマパークを挙げる意見が多いなど、地方における潜在ニーズは高かった。都心の繁華街の活性化や街づくりまでも視野に入れたコンセプトが打ち出されるようになった[41]。つまりフードテーマパークは町おこし、地域活性化につなげられる産業である。

安易な有名店頼り

しかし人気に乗じて類似施設が増え、安易に店を集めただけの粗製乱造が2003年にすでに目立つようになった[42]。例えば、東京都渋谷区の「麺喰王国」は、来客数などを基に利回りを設定した投資ファンドにより資金調達する目新しさで話題を呼んだ。同施設のホームページによれば、開業後1ヶ月間の1店当たりの平均来客数はおおよそ400人台で推移し、数字の公開は途中で

---

40 「日経レストラン」2004年6月号　38-39頁
41 「日経レストラン」2004年6月号　39-40頁
42 「日経レストラン」2003年11月号　53頁

中止された。これだとファンドの利回りは 0%で、投資家からすれば期待外れの滑り出しとなる[43]。そして 2005 年閉店に追い込まれた。

フードテーマパーク同士の競争はもとより、他の娯楽施設や飲食店に対する競争力も発揮できないフードテーマパークもあった。また複数のラーメン施設で、有名店が重複して出店しているケースが多く見られた。それまで無名でも実力あるラーメン店を発掘することで希少性を維持してきたが、すでに有名な店のブランド力に頼った集客が行われた。そのため施設内でブランド力ある人気店に客が集中し、無名でも美味しい店舗で売上が上がりにくいという弊害が生じた。消費者には話題になっている有名店で食べたい心理が働く。施設によってはハーフサイズのラーメンも用意されたが、すべてのラーメンを食べ歩ける客は稀で、人気のない店舗はラーメンを味わってもらう前に撤退を余儀なくされるケースが出た。ラーメン施設は「話のタネに 1 回行けば十分」と考える消費者も多く、リピーター確保が難しい。一方、施設のプロデュースや運営する会社に対して、入居する店舗から「箱を作っただけで、毎月販売促進費を払っているのに何もしてくれない」とい不満も出た。魅力的な販売促進や娯楽性を継続的に打ち出すためには、プロデュース会社や運営会社の体力や能力が問われる[44]。

ナムコの事業、好調

象徴的なのは、業界で唯一の大手企業ナムコの好調ぶりであった。フードコートのように有名店を集めるだけで大きな売り上げを見込めるほど、ラーメン施設は甘い事業ではない。店舗の実力に加え、客を引き付ける娯楽性、物語性、顧客と店舗の参加意識がないと淘汰されると指摘するのは、ナムコの池澤守 ET 企画ディビジョンリーダー（肩書は当時のもの）である。ナムコの好調が目立ったこの産業で、池澤氏がリーダーであった（後述）。例え

---

[43] 「日経レストラン」2004 年 4 月号　84 頁
[44] 「日経レストラン」2004 年 6 月号　41 頁

ば、ナムコがプロデュースした「明石ラーメン波止場」では、ラーメン職人が腕を競う港町という設定で、施設内には数多くの大漁旗を飾るなどして明石らしい雰囲気を演出し、瀬戸内海沿いの県に本店がある「瀬戸内ラーメン店」と「全国有力ラーメン店」の対決の場とし、客の人気投票による上位店を定期的に公表するなど、店舗と顧客の参加意識を活性化した[45]。

3．米ウォルト・ディズニーの参入表明

　フードテーマパーク産業はこの頃すでに飽和し、経営難に陥る施設が出ていたが、米ウォルト・ディズニー社およびオリエンタルランドが参入を表明するほど魅力ある産業であった。

　2007年3月末、米ウォルト・ディズニー・パーク＆リゾート（以降、ディズニー社）のジェイ・ラズロ会長は来日し、東京・お台場の「デックス東京ビーチ」や東京・池袋の「ナムコ・ナンジャタウン」などの娯楽施設を視察した。両施設とも都心の商業ビル内で、テーマ性ある飲食店や遊戯施設を組み合わせたフードテーマパークを有する施設である。こうした施設を日本人が楽しんでいるのを確認し、ディズニー社も同タイプの娯楽施設を提供できると確信を深めた[46]。

　ディズニー社は、米国（カリフォルニアとフロリダ）、東京、フランス、香港の5ヶ所のディズニーランドを統括する。その後、上海ディズニーランドも開業し統括する。同社のラズロ会長は「日本での事業拡大をさらに続ける」と宣言し、その大きな柱として新たな娯楽施設を開設する構想を発表した。ラズロ会長は「TDRでは1〜2日間、滞在してもらっている。しかしもっと手軽に数時間あるいは半日で楽しめる小規模な娯楽施設を提供したい」と言う。立地にこだわるため、交通の便の良い都市部を中心に検討する。その構想が実を結ぶのは「最短で2〜3年。恐らくは3〜4年後だろう」とラズ

45　「日経レストラン」2004年4月号　84頁
46　「日経ビジネス」2007年4月16日号　8頁

145

ロ会長は言う。TDR はアトラクションだけでなく、ホテルやレストラン、エンターテイメントショー（当時シルク・ドゥ・ソレイユ、2011 年末に撤退）などの複数の要素を持っている。そのノウハウを組み合わせることで「子供と母親が 2 時間だけ楽しめるような施設とか、カップルが食事をしてその後にちょっと楽しめるエンターテイメントを提供したい」と述べた[47]。

時間配分とビジネスモデル

ディズニー社は、小型アミューズメント施設で 1 回あたり 2 時間程度楽しめる、つまり TDR のように一日費やす大型施設ではなく、手軽に一日の一部として楽しめる施設を検討していた。その当時 TDR の顧客の平均滞在時間は 8.4 時間、客単価 9,370 円（当時、その後 1 万円台）であった[48]。そこに家族 4 人で一日滞在すると 4 万円弱かかる。一日の一部をそこで過ごし、客単価 1,000～2,000 円程度のアミューズメント施設への参入を発表したのである。

他方、ディズニー社が直接運営する米国以外のテーマパークは、香港ディズニーランド（2005 年開業）の初年度入園者数が目標を下回り、フランスのディズニーリゾート・パリの運営会社ユーロディズニーに敵対的買収が持ち上がるなど、苦戦していた。現地文化を熟知するパートナーが必要ではないかとの質問に対して、ラズロ会長は「TDR でディズニーの経験と日本文化を組み合わせることができたのはオリエンタルランドのおかげだ。我々にとって非常に良いパートナーだ。新パークの運営形態は未定だが、常にオリエンタルランドのことは念頭に置いて動いている。先日オリエンタルランドの加賀見俊夫会長に新しいことを色々展開したいと話したところ、彼も非常に乗

---

[47] 「日経ビジネス」2007 年 4 月 16 日号　8 頁
[48] オリエンタルランドおよび連結子会社　連結財務ハイライト（2006 年 3 月期から 2008 年 3 月期）2009 年 1 月 27 日アクセス http://www.olc.co.jp/ir/pdf/annual2008.pdf

146

り気だった」と言う[49]。ここでいう運営形態とは、ディズニー社直営か、オリエンタルランド直営か、2社の共同経営かである。

オリエンタルランドの新規事業計画

　オリエンタルランドは中期経営計画「Innovate OLC 2010」（2007年5月7日発表）において「NEPプロジェクト」（Neighborhood Entertainment Place）を提示した。新たな成長基盤の確立を目指し、それを長期的に目指すために新規の事業開発を行うとした。「夢・感動・喜び・やすらぎ」を提供する「空間創造事業」が「東京ディズニーリゾートに続く事業」として成長することを目標とした。それがディズニーならではのエンターテイメント／飲食／ショッピングなどが融合した有料入場型の屋内施設を2010年以降に展開することを目指し、コンセプトモデルの開発や候補地選定のための市場研究など、1年以上にわたりオリエンタルランドと米ディズニー社が共同で行うことであった[50]。オリエンタルランドは「都市型エンターテイメント施設」と表現しているが、エンターテイメント／飲食／ショッピングなどが融合した屋内施設という点から、いわゆるフードテーマパークと推測できる。

　それを受けて2008年9月に福岡県でディズニー施設を誘致する「ディズニー誘致委員会[51]」が結成された。福岡地所が結成した地元大手企業や銀行で構成される誘致委員会である。計画中の大型商業施設「キャナルシティ博多」の大規模増床で、核テナントにディズニーの屋内施設誘致を目指すことを発表した。発足日に福岡市内で初会合を開き、会長に松尾新吾・九州電力会長が就任した。共同出資を視野に今後2ヶ月に一度会合を開く方針であった。

---

[49] 「日経ビジネス」2007年4月16日号　8頁
[50] オリエンタルランドHP「2007年3月期決算及び中期経営計画説明会」2009年2月17日アクセス　http://www.olc.co.jp/ir/pdf/mts03.pdf
[51] 福岡地所を中核に、九州電力、九州旅客鉄道、九電工、西部ガス、西日本鉄道、福岡銀行、西日本シティ銀行、コカ・コーラウェストホールディングス、ゼンリン、新出光（福岡市）、ふくや（福岡市）、ロイヤルホールディングス、福岡県、福岡市、福岡商工会議所、九州観光推進機構の計17団体である。

誘致委員会発足について、オリエンタルランドは「候補地の一つという段階なので、今の時点ではコメントできない」とした[52]。

オリエンタルランド新規事業中止

しかしながら、オリエンタルランドは 2008 年 10 月に新規事業プランとして行ってきた「都市型エンターテイメント施設（NEP プロジェクト）」の事業化に向けた検討作業を終了した。有料入場型の屋内施設を 2010 年以降に展開することを目指し、コンセプトモデルの開発や候補地選定のための市場調査など、1 年以上にわたり、オリエンタルランドとディズニー社が共同で様々な検討を重ねた。初期的な開発作業の区切りを迎え、いくつかの開発要件のもと策定した「NEP プロジェクト」の事業性を検証したところ、見込まれる収益と投資のバランスが当初設定した事業要件に収まらず、事業性を見出すことは困難との結論に至った。これにより、オリエンタルランドが目指す舞浜エリア外での新規事業展開に関して、新たに事業モデルを構築する必要があると判断し、「NEP プロジェクト」というビジネスモデルでの検討は終了となった。ただし「NEP プロジェクト」の検討は中止するが、オリエンタルランドは中期経営計画で掲げた「Innovate OLC 2010」における「新たな成長基盤の確立」に向け、舞浜エリアにとらわれず全国を視野に入れた新たな事業開発の可能性を模索すると表明した[53]。

キャナルシティ博多、増床計画見直し

ディズニー施設中止を受け、福岡市のキャナルシティ博多の増床計画を見直すことになった。当初、2011 年の九州新幹線鹿児島線ルート全線開業に合わせて開業する予定だった。オリエンタルランドは事業性、収益性を見出す

---

[52] 日本経済新聞　地方経済面　2008 年 9 月 5 日　14 頁、日経産業新聞　2008 年 9 月 8 日　19 頁、日経流通新聞　2008 年 9 月 10 日　4 頁
[53] オリエンタルランド HP「『都市型エンターテイメント施設』検討作業終了について」2009 年 2 月 17 日アクセス http://www.olc.co.jp/news_parts/20081007_02.pdf

ことは困難、つまり数百億円の投資に対する収益が見られないと言う。特に、施設の借り手となるオリエンタルランドと施設の貸し手のなる福岡地所が想定する賃料が折り合わなかったためとみられる[54]。

　オリエンタルランドは収益性から事業参入を断念したが、オリエンタルランドとディズニー社が参入を検討した事業であることから、フードテーマパークはアイディアや目の付け所としては良いはずである。

表 1：NEP プロジェクトの流れ

年月	事項	備考
2007 年 3 月	米ディズニー社ラズロ会長、フードテーマパークのある娯楽施設を視察	東京・お台場「デックス東京ビーチ」、東京・池袋「ナムコ・ナンジャタウン」等を視察
2007 年 4 月	大きな柱として新たな娯楽施設を開設する構想を発表	ラズロ会長「日本での事業拡大をさらに続ける」と宣言
2007 年 5 月	NEP プロジェクト発表	中期経営計画「Innovate OLC 2010」で屋内施設事業に多角化
2008 年 9 月	ディズニー誘致委員会結成	福岡県内 17 団体で結成
2008 年 10 月	オリエンタルランド、NEP プロジェクト中止を発表	収益性を見込めないため

4．ナムコのフードテーマパーク・プロデュース事業

ナムコの概要

　㈱ナムコは、1955 年設立、資本金 100 億円、東京都大田区に本社を置くゲーム製造およびアミューズメント施設経営を行う企業である。ナムコは 1955 年に百貨店の屋上に 2 台の木馬を設置、東京オリンピックや大阪万博に沸い

---

[54] 日本経済新聞　地方経済面　2008 年 10 月 8 日　14 頁

た 1960 年代、1970 年代と三越屋上への「ロードウェイライド」設置をはじめ、さまざまな乗り物やゲームなど、時代に先駆けた様々な「遊び」を通して発展してきた[55]。

　㈱バンダイナムコホールディングスは 2005 年 9 月に㈱バンダイ（以降、バンダイ）と㈱ナムコが経営統合して設立された。バンダイは 1950 年 7 に㈱萬代屋として設立され、セルロイド製玩具等の販売を開始した。その後商号変更を行い、1988 年 8 月に東京証券取引所一部上場になった。ナムコは 1955 年 6 月に有限会社中村製作所として設立され、百貨店等における遊園施設の経営を開始した。その後商号変更等を行い、1991 年 9 月に東京証券取引所一部に指定替えとなった。ナムコがフードテーマパーク・プロデュースを盛んに行っていた 2000 年代、ナムコは売上高 648 億円、経常利益 19 億円、当期純損失 3 億 3,200 万円、純資産額 379 億円、総資産額 483 億円であった[56]（2008 年 3 月期決算）。

　アミューズメント施設事業に関して、国内では厳しい市場環境のなか既存店の売上が前年同期比で 94.1％となったが、前連結会計年度及び当連結会計年度に出店した大型店がおおむね順調に推移した。売上において補完している。しかし利益においては既存店の苦戦に加え、売上構成の変化に伴う粗利率低下で低調に推移した。海外においては、ヨーロッパでは複合施設を中心に堅調に推移した。アメリカでは直営店の効率化やレベニューシェア店の拡大に取り組んだが、市場環境の低迷による影響や景品販売強化に伴うコスト増で低調な推移となった。この結果、アミューズメント施設事業における売上高は 898 億 2,900 万円（前年同期比 1.9％増）、営業利益は 16 億 3,100 万円（前年同期比 59.3％減）となった。しかし同社の施設は、大多数が直営店とレベニューシェア（いわゆるゲームセンター）であり、テーマパークは 5

---

[55] バンダイナムコゲームズ HP「ナムコ 50 年の歩み」2009 年 2 月 17 日アクセス http://www.bandainamcogames.co.jp/corporate/namco/
[56] バンダイナムコホールディングス：有価証券報告書-第 3 期（2007 年 4 月 1 日-2008 年 3 月 31 日）

店舗のみである（表 2）。ここではナムコがフードテーマパーク事業を活発に行なっていた時期の財務状況を提示する。

表 2：バンダイナムコの事業セグメント別業績

事業	売上高（百万円）		
	当期	前年同期	増減額
トイホビー	180,164	185,586	△5,421
アミューズメント施設	89,829	88,196	1,633
ゲームコンテンツ	145,672	139,187	6,485
ネットワーク	12,044	12,489	△445
映像音楽コンテンツ	36,949	43,006	△6,056
その他	19,809	20,900	△1,090
消去又は全社	(23,997)	(30,234)	6,236
連結	460,473	459,132	1,341

事業	営業利益（百万円）		
	当期	前年同期	増減額
トイホビー	14,309	17,403	△3,093
アミューズメント施設	1,631	4,004	△2,372
ゲームコンテンツ	14,793	11,509	3,283
ネットワーク	904	880	24
映像音楽コンテンツ	3,832	9,496	△5,664
その他	753	1,017	△264
消去又は全社	(2,813)	(2,088)	△725
連結	33,411	42,224	△8,812

出典：バンダイナムコホールディングス：有価証券報告書-第 3 期（2007 年 4 月 1 日-2008 年 3 月 31 日）

表 3：施設の状況（2008 年 3 月末）

直営店	レベニューシェア	テーマパーク	温浴施設	合計
408 店	1,320 店	5 店	3 店	1,736 店

出典：バンダイナムコホールディングス：有価証券報告書-第 3 期（2007 年 4 月 1 日-2008 年 3 月 31 日）

ナムコの沿革

　ナムコは、1955 年に中村雅哉（なかむら・まさや）氏が遊戯機器の製造と販売および遊戯施設の運営を行う企業として有限会社中村製作所を立ち上げたことに始まる。電動木馬 2 台を百貨店の屋上に設置した。その後、三越の屋上に「ロードウェイライド」（遊戯機器）を設置し、高度成長期に乗って成長を遂げる（小山, 2005）。

　1974 年、安定成長期に入るとビデオゲーム事業に多角化し、そして香港、アメリカ、ロンドンと海外進出していく。そして 1979 年に「ギャラクシアン」、1980 年に「パックマン」の大ヒットで有名企業になる。

　1990 年代に入ると、1991 年に花博にパビリオンを出展し、テーマパーク事業を経験する。手ごたえを感じて、翌 1992 年、都市型テーマパーク「ナムコ・ワンダーエッグ」を東京・二子玉川に開園し、ここから本格的にテーマパーク事業に多角化する。1996 年、日本最大のビルイン型テーマパーク「ナムコ・ナンジャタウン」を東京・池袋（サンシャインシティ内）にオープンさせる。1997 年、映画会社の日活の倒産を受けて吸収する。日活の美術スタッフがフードテーマパーク内の昭和 30 年代の街並みを作製する（後述）。

　2001 年からナムコはフードテーマパーク事業に参入する。新空間プロデュース組織「チームナンジャ」を編成し、商業施設などの空間演出にノウハウを提供する。横浜・伊勢佐木町の「横濱カレーミュージアム」（事業主体：株式会社マタハリー）を受注し、成功させる。ここでフードテーマパーク事業の可能性を感じた。2002 年、ナムコはご当地餃子対決のフードテーマパー

ク「池袋餃子スタジアム」を、2003 年、フードテーマパーク「アイスクリームシティ」をナムコ・ナンジャタウン内に出店する。2004 年、餃子のテーマパーク「浪花餃子スタジアム」を大阪梅田に出店し、大阪進出を果たす。フードテーマパーク「東京シュークリーム畑」をナムコ・ナンジャタウン内にオープンさせた。

ナムコのフードテーマパーク事業

ナムコはフードテーマパークのプロデュースを企画販売事業と呼び、その**組織を「チームナンジャ」**と命名し、コンセプト構想、企画・設計・施工、事業計画、運営計画、プロモーション計画の立案から実施を行った[57]。ナムコのフードテーマパーク事業成功の要因はこの組織の活躍とされている（小山, 2005）。

チームナンジャは、ナムコを中核に社外の人材も集めた集客デザイン組織で、ナムコの都市型テーマパーク事業で培った企画力、集客・運営ノウハウを駆使して、集客型エンターテイメント空間のコンセプト構想から、企画・設計・施工業務、事業計画、運営計画、プロモーション計画の立案から実施に至るまで、事業をトータルにサポートする国内唯一の組織である。彼らは、1996 年にオープンした屋内テーマパーク「ナンジャタウン」を手がけたスタッフで構成される[58]。チームナンジャの主要業務は次の 4 点である[59]。

① 集客施設プロデュース業務

フードテーマパークをはじめとする集客施設をトータルにプロデュースする。高い集客力と話題づくりのノウハウと実績をもとに商業施設や地域活性化を目指す。

---

[57] バンダイナムコゲームズ HP「ナムコ 50 年の歩み」2009 年 2 月 18 日アクセス
http://www.bandainamcogames.co.jp/corporate/namco/
[58] ナムコ HP「チームナンジャ」2009 年 2 月 18 日アクセス
http://www.namco.co.jp/planning/
[59]「日経アーキテクチュア」2002 年 7 月 8 日号　76 頁

② イベントプロデュース業務

　集客施設の話題づくりに導入されるエンターテイメント・コンテンツを販売する。テーマパークやフードテーマパークの運営ノウハウをもとに企画するフードイベントや街並回遊型アトラクションを提案する。

③ 商品開発、商品プロデュース業務

　デザート博覧会イベントをはじめ、フードテーマパークの集客イベントを開催してきたノウハウをもとに商品開発や商品プロデュースを行う。

④ 新業態の開発業務

　話題性が高く、これまでにないコンセプトの新業態を企画、開発する。

　つまり、直営店のナムコ・ナンジャタウン（東京・池袋サンシャインシティ内）に設置しているフードテーマパークを除いては、コンセプトや企画の販売および運営ノウハウという知的財産を売る事業である。通常フードテーマパークは商業施設に入る。

初プロデュース業「横濱カレーミュージアム」

　ナムコ初のフードテーマパーク事業は 2001 年の横濱カレーミュージアムである。㈱マタハリー[60]の依頼で PIA STATION という 9 階建ての商業施設（丸井インテリア館だったビル）に期間限定で出店した。地上 9 階の建物を改装し、最も不利な位置の上部 2 層にカレー店や展示施設を入れた。**シャワー効果**で下の階のパチンコ店やゲームセンターの集客を期待した。ここでは年間 100 万人を呼べなければ効果を見込めない計算だった。400 坪という狭い面積であるが、新横浜ラーメン博物館の図面を入手して飲食部分のみの面積を割り出すと 350 坪と分かった。そこには 9 店舗が入り、年間 150 万人程

---

60 ㈱マタハリー（神奈川県川崎市）は首都圏を中心にアミューズメント、カラオケ、パチンコなどの遊戯施設を展開する企業。㈱マタハリー「会社案内」2009 年 2 月 20アクセス　http://www.matahari.co.jp/outline.html

度を集めている。「与えられた条件で空間構造的にも可能でビジネスモデルとして成り立つのはこれしかないと結論づけた」とチームリーダーの池澤守氏（ナムコ ET カンパニーET 企画ディビジョン　ディビジョンリーダー）は言う。そして合格点を上回る年間 168 万人の集客と大ヒットをおさめた。次に手がけた博多の「ラーメンスタジアム」も 3 ヶ月で 55 万人と好調だった。

「1999 年頃からの **B 級グルメ**ブームでラーメンや餃子の人気が決定的になったのが新業態として成り立った理由」「横濱カレーミュージアムは入場無料にし、**集客装置**と位置づけて周りに**集金装置**を張り付ければリーズナブルな施設」と池澤氏は言う。単独施設で入場料もとる新横浜ラーメン博物館とはポジショニングが異なる。単に店舗を集合させるのでなく、音の出る仕掛けや映像なども加えて「遊べる街」にする。街並みの再現にはナムコのグループ会社である日活の映画美術セット制作技術を活用する。ここにナムコのノウハウを生かすシナジー効果がある[61]。

　池澤氏は当初なぜカレーのレストラン街がこれほど集客できるのか不思議だったが、**空腹だから来るのではなく、エンターテイメントを求めて来る**ことに気づいた。こうして「食がエンターテイメントになる時代」を確信してから迷いが消え、「博多ラーメンスタジアム」「池袋餃子スタジアム」「なにわ食いしんぼ横丁」と矢継ぎ早にプロデュースし、いずれも 1 年間で 200 万人前後の集客に成功した。東京・自由が丘にスイーツのテーマパークを開設し、2004 年 3 月までに 10 ヶ所まで広げる計画であった[62]。

　成功要因は大きく 3 つあると池澤氏は言う。①全国各地から地元で評判の名店を集めた希少性で、チームナンジャの約 20 人が全国を歩き回って勧誘する。②本格的な舞台演出を**子会社の日活（映画会社）**が行う。撮影所の美術スタッフが昭和 30 年代の街並みなど非日常の空間を作り上げる。③集客

61　「日経アーキテクチュア」2002 年 7 月 8 日号　76-77 頁
62　「日経レストラン」2003 年 11 月号　53 頁

実績によって店舗を入れ換え、統一テーマで創作メニューを作る等、飽きさせないための工夫をする[63]。

ビジネスモデル

　フードテーマパーク出店の際に最も注力するのは次の5点である。①当該施設の集客の柱になる。②テーマパークなので終始一貫したテーマを設定する。③ゲーム事業や遊戯機器事業で培ったノウハウと技術力を活かして、フードテーマパーク内にアトラクションを用意し（クライアントの希望による）、食べていなくても楽しめるよう工夫する。④食だけでなく、飲料の販売、関連品の販売、有料アトラクションをあわせて作り、販売額を上げる。⑤よい店舗を集めるために、店舗のリスクや負担金を抑える。店舗は自営業者が多いため、賃貸借契約ではなく業務委託契約をとり、店の内装や主な什器は施設が用意し、敷金不要にする。店舗は調理器と食器、食材、従業員を用意する。その代わり、来場者を飽きさせないために適宜店舗を入れ換え、集客イベントに参加してもらう。集客イベントで売上が増えれば店舗にとってメリットとなる（小山, 2005）。

　池澤氏は「フードテーマパークを訪れる客は『食を』楽しむのではなく『食で』楽しむ」と言う（小山, 2005, 14頁）。チームナンジャには、商業施設やディベロッパーからフードテーマパーク事業に関する依頼が絶えず、手がけたフードテーマパークは次の表4のようになっている[64]。

　ナムコは2001年から2005年にかけて急速に出店数を増やした。ビジネスモデルは、ある企業や商業施設がナムコにフードテーマパークの依頼をし、ナムコがコンセプトを提案、企画、運営、販売促進を行う。そのため、ナムコ、事業主体となる企業、母体施設の3社で事業を行うことになる。そこに

---

[63] 「日経レストラン」2003年11月号　53頁
[64] ナムコがプロデュースしたフードテーマパークは2005年までのものしか分からない。

店舗（自営業者が多い）が出店する。事業主体となる企業は、ディベロッパーやイベント、アミューズメントの企画運営会社が多い。

表4：チームナンジャがプロデュースしたフードテーマパーク（2005年）

	施設名	場所	開業年	店舗数	床面積	投資額（億円）
1	横濱カレーミュージアム	横浜市	2001	13	484	15
2	ラーメンスタジアム	福岡市	2001	9	484	3
3	池袋餃子スタジアム	豊島区	2001	24	749	4
4	なにわ食いしんぼ横丁	大阪市	2002	20	456	4
5	アイスクリームシティ	豊島区	2003	9	200	3
6	浪花麺だらけ	大阪市	2003	11	384	未公表
7	自由が丘スイーツフォレスト	目黒区	2003	12	428	未公表
8	明石ラーメン波止場	明石市	2003	8	370	未公表
9	浪花餃子スタジアム	大阪市	2004	10	356	4
10	津軽ラーメン街道	青森県	2004	6	262	2
11	東京シュークリーム畑	豊島区	2004	7	310	4
12	札幌ら〜めん共和国	札幌市	2004	9	400	4
13	桑名ら〜めん街道	桑名市	2004	9	341	未公表
14	神戸スイーツハーバー	神戸市	2004	22	863	10
15	東京パン屋ストリート	船橋市	2005	8	300	未公表
16	名古屋麺屋横丁	名古屋市	2005	7	304	未公表

＊床面積は坪

	施設名	集客	事業主体	商業ビル
1	横濱カレーミュージアム	168	㈱マタハリー	PIA STATION
2	ラーメンスタジアム	172	エフ・ジェイ都市開発㈱	キャナルシティ博多
3	池袋餃子スタジアム	172	㈱ナムコ	ナムコ・ナンジャタウン
4	なにわ食いしんぼ横丁	218	大阪ウォーターフロント㈱	天保山マーケットプレース
5	アイスクリームシティ	254	㈱ナムコ	ナムコ・ナンジャタウン
6	浪花麺だらけ	303	南海電気鉄道㈱	なんばパークス
7	自由が丘スイーツフォレスト	230	岡田不動産㈱	ラ・クール自由が丘
8	明石ラーメン波止場	300	㈱マイカル	マイカル明石
9	浪花餃子スタジアム	162	㈱ナムコ	OS ビル
10	津軽ラーメン街道	120	五所川原街づくり㈱	エルムの森ショッピングセンター
11	東京シュークリーム畑	100	㈱ナムコ	ナムコ・ナンジャタウン
12	札幌ら〜めん共和国	100	札幌ターミナルビル㈱	札幌エスタ
13	桑名ら〜めん街道	100	㈱マイカル	マイカル桑名
14	神戸スイーツハーバー	200	㈱ジオ・アカマツ（運営管理）	ビービキス
15	東京パン屋ストリート	150	三井不動産㈱	TOKYO-BAY ららぽーと
16	名古屋麺屋横丁	120	京楽産業㈱	サンシャイン栄

出典：小山（2005）の 25 頁の表を若干修正　＊初年度集客数（万人）

池澤氏は「フードテーマパーク産業はそろそろ打ち止めになるでしょう」と言う。フードテーマパークは大きい集客力を持つだけにどこの街でも成立するわけではない。ニーズがなければたちまち採算割れとなる。ラーメン、餃子、スイーツに肩を並べる新メニューの開拓も大きな課題である。池澤氏は「フードテーマパークの適正数は日本全国で 50 か 60。その大半をナムコが手がけるとしても数年以内にゴールは見えてくる」と言う（小山，2005，30-31 頁）。

５．発見事項と考察

　本章では、ナムコのフードテーマパーク・プロデュース事業の経緯から成功要因を考察し、次の点を発見した。

　第 1 に、全体のテーマ設定と非日常の演出をナムコ子会社の日活の映画制作スタッフが行う。ここでシナジー効果を得られる。範囲の経済も得られる。範囲の経済とは、共通部分のコストカットによるメリットである。

　第 2 に、専門組織「チームナンジャ」を結成し、実務経験者や社外の専門家も集めて専門性の高い組織が権限委譲されており、機敏に動けた。全国の美味しい店舗を探し、経営者に直接出店交渉する。店舗の経営者の都合に合わせて小回りのきく動きができる。

　第 3 に、店舗入れ換えやイベント等で飽きさせない工夫をする。人気店投票などで店舗と客に参加意識を持たせる。店舗に撤退の危機感を常に抱かせ、向上心を上げる。

　第 4 に、店舗のリスクと初期投資を軽減する。店舗のほとんどが自営業者なのでナムコのような大企業と資本力が異なる。そこをナムコや商業施設、イベント企画会社が負担し、販売促進を一括して行う。店舗はイベントに付き合い、施設の営業時間に合わせ、収益によっては店舗入れ換えに応じる。

　第 5 に、収益の柱（金のなる木事業）が他にあって、多角化してこそ初期費用を確保でき、失敗しても企業全体の経営をそれほど脅かさないだろう。

また子会社（日活）が環境演出をするなど、経営資源を社内横断的に使える強みがある。

６．まとめ

　フードテーマパークの楽しみ方は、「食を」楽しむのではなく、「食で」楽しむことにある。これは2010年代から盛んになった食べ歩きに似ている。2010年代に入ると急速にSNSが普及した。オシャレな食べ物「で」楽しみ、写真や動画を撮影し、編集して各種SNSに載せる。それで高評価やフォロワーが増えて自己顕示欲が満たされる。フードテーマパークは「食で」楽しむ文化と消費行動の初期ではないか。今ならもっと集客数が上がるのではないか。

＜参考文献＞

・　小山信幸（2005）『遊びのチカラ　ナムコの高付加価値戦略』日経BP出版
・　バンダイナムコホールディングス：有価証券報告書-第3期（2007年4月1日-2008年3月31日）

第 10 章
ホンダのレジャー事業 ―鈴鹿サーキットと多摩テック―

１．はじめに

　ホンダこと本田技研工業はレジャー事業に参入している。鈴鹿サーキット、多摩テック、ツインリンクもてぎである。ホンダという名称を使っていないためホンダと知らない人が多いようである。鈴鹿サーキットは車の走行場所のみならず、テーマパーク「モートピア」やホテルを隣接するので本書の対象とする。

　1960 年代、ホンダの創業者、本田宗一郎（ほんだ・そういちろう）氏の「走り、競う場を提供し、クルマの安全性・性能を追求していく」、藤澤武夫（ふじさわ・たけお）氏の「エンジンの付いた乗り物を操縦する楽しみを味わえる自動車遊園地をつくり、自動車環境の発展に寄与する」という想いと夢を実現するため、鈴鹿サーキットと多摩テックが開業された。本田氏が技術部門のトップで社長、藤澤氏が経営のトップで副社長ある。藤澤氏は経営学部の授業で多く登場する名経営者である。藤澤氏は本田氏から経営の全権を委ねられ、実印を渡されていた。

　本章ではホンダの鈴鹿サーキットと多摩テックはどのようにプロデュースされ、現在に至るのか考察する。

　本田氏が鈴鹿サーキットの、藤澤氏が多摩テックの企画立案から資金調達、制作指揮などを行ったと思われるため、両氏ともプロデューサーと名乗っていないが、本書ではプロデューサーとする。1960 年代だったので、日本にプロデューサーと言う言葉も職業も無かったと思われる。

２．ホンダの概要と社史

　本田技研工業株式会社（以降ホンダ）は 1948 年 9 月設立、本社、東京都港区、代表取締役社長、八郷隆弘氏、主要製品は二輪車、四輪車、パワープロダクツ、資本金 860 億円、従業員数は単体で約 2.5 万名、連結で約 22 万名、国内外 430

社、うち連結子会社 357 社、持分法適用会社 73 社、2019 年度連結業績は売上収益約 15 兆円、営業利益 6,336 億円、発行済株式総数約 18 億株、株主数約 21 万人、一株当たり配当金 112 円、2019 年世界販売実績は 2,983 万台、うち二輪 1,928 万台、四輪 485 万台、パワープロダクツ 570 万台である[65]。

　1948 年、本田技研工業創立、従業員 34 人、資本金 100 万円、静岡県浜松市の小さな町工場で自転車用補助エンジンの製造からスタートした。1958 年、スーパーカブ発売、1959 年、アメリカ進出でロサンゼルスに初の海外現地法人、アメリカン・ホンダ・モーターを設立した。1961 年、マン島 TT レース初出場で 125cc・250cc クラス 1 位～5 位を独占し、さらに多摩テックを開園した。1962 年、初の海外現地生産をベルギーで開始、鈴鹿サーキットが完成した。1964 年、F1 初出場、日本初の F1 マシン RA271 が第 6 戦ドイツグランプリでデビューした。1965 年、最終戦メキシコグランプリで初優勝した。1970 年、安全運転普及本部を設立した。1972 年、低公害 CVCC エンジンを発表した。当時最も厳しいとされたアメリカの排出ガス規制マスキー法を世界で初めてクリアした。1982 年、アメリカで四輪車現地生産を開始した。1988 年、F1 史上初の 16 戦 15 勝を達成した。アイルトン・セナとアラン・プロストの操るマクラーレン・ホンダ MP4/4 がサーキットを席巻した。1997 年、ツインリンクもてぎをオープンさせた。日本で初めて本格的なオーバルコースとロードコースを併設した。2014 年、二輪車の世界生産累計 3 億台を達成した[66]。

3．ホンダのレジャー事業初期

　1960 年代、日本にモータリゼーションが湧き起こったばかりの頃、ホンダの創業者、本田氏の「走り、競う場を提供し、クルマの安全性・性能を追求する」、

[65] ホンダ「会社概要」2020 年 9 月 17 日アクセス
http://www.honda.co.jp/guide/corporate-profile/
[66] ホンダ「ヒストリー」2020 年 9 月 17 日アクセス
http://www.honda.co.jp/guide/history-digest/

藤澤氏の「エンジンの付いた乗り物を操縦する楽しみを味わえる自動車遊園地
をつくり、自動車環境の発展に寄与する」という想いと夢を実現するため、1961
年 2 月、㈱モータースポーツランド（現㈱モビリティランド）が設立された。そ
して、翌 1962 年に本格的な国際レーシングコースとして鈴鹿サーキットが設立
された。車を取り巻く環境や社会も大きく発展・拡大し、多くの人に体験・参加
してもらうため、1997 年 8 月、「人と自然とモビリティの融合」をテーマにし
た「ツインリンクもてぎ」がオープンした。イベント開催で数々のエンターテイ
メントを提供し、ホンダグループの一員として車の安全性向上や技術開発に貢
献、交通教育を通じたドライバー・ライダーのマナーや技術向上、リアルな体験
の提供で次世代育成にも取り組んできた。さらに、地域連携による F1・インデ
ィ・モト GP・8 時間耐久レース（8 耐）など世界的なレース開催で地域ブランド
向上にも努めてきた[67]。

　㈱モビリティランドは 1961 年、㈱モータースポーツランドとして設立され
た。その背景には、当時の社会問題に対してホンダがメーカーとして責務を果た
す側面と、本田氏と藤澤氏という 2 人の創業者の日本のモータリゼーションに
寄せる熱い想いがあった。1960 年代初頭、公道をオートバイで暴走する「カミ
ナリ族」が社会問題になっていた。ホンダはこの問題を解決すべく「テック」と
名づけられたオートバイのためのゲレンデを全国各地に建設する構想を立ち上
げた。カミナリ族に走る場を提供し、正しい運転マナーと技術を学ばせるためで
あった。1961 年 10 月、この構想に基づき建設された多摩テック・生駒テック
が完成し、モーターサイクルのスポーツランドとして営業を開始した。1962 年
4 月に両テックの第二期工事が終わり、自動車遊園地として営業を開始した。遊
戯物にはホンダ製のエンジンを搭載した乗り物が導入された。これには、**子供た**
ちに小さい頃からエンジンに親しんでもらい、自ら「操る喜び」を体験すること

─────────────────────
[67] モビリティランド「ごあいさつ」2017 年 5 月 5 日アクセス
http://www.mobilityland.co.jp/sou50/greetings/

で、クルマファン・ホンダファンを育てるという**藤澤氏の思い**があった。この頃にはカミナリ族問題も収束を迎えつつあり、営業の軸足を自動車遊園地にシフトさせた。同年6月に㈱テクニランドと社名変更し、新たなスタートを切った。1964年には「見る・聞く・試す」という思想を形にした「エンジン教室」を多摩テックで開始した。本物のエンジンを分解・組み立てし、実際に動かしてみるという内容で、学校団体を対象に好評を得た。まもなく鈴鹿サーキットでも開催されるようになり、やがて鈴鹿製作所見学と組み合せた修学旅行プログラムとなった。テックの全国展開をめざす一方、国際レーシングコース、鈴鹿サーキットの建設も進められた。当時の国産車は今では考えられないほど低性能であった。本田氏は「レースをやらなければクルマはよくならない」という信念のもと、自らレーシングコースを造ることにした。国産車の性能・品質向上を図り、日本のモータリゼーションを推進した。1962年9月、鈴鹿サーキット完成、2ヶ月後に第1回全日本ロードレースが開催され、2日間で27万人の動員を記録した。翌年5月に日本グランプリ自動車レース、11月に世界選手権日本グランプリロードレースを開催した。特に四輪では、どの国産メーカーも本格的な自動車レースへの参戦は初めてという中、タイヤ一つとっても満足なものが無く、トラブルの連続であった。海外メーカーとのレベル差を目の当りにした技術者はこのレースを機に性能向上に心血を注ぐことになる。そして国産車の性能は飛躍的な進化を遂げていく。日本にモータースポーツの夜明けをもたらしたのが鈴鹿サーキットであった。日本グランプリ自動車レースの開催と相前後して、名神高速道路が開通し、高速道路をパトロールする白バイ・パトカー隊員の高速走行訓練のニーズが高まった。このような社会的背景をうけ、鈴鹿サーキットは高速走行に適応した運転技術を身につける技能訓練と指導を開始した。これが現在に続く「安全運転講習」である[68]。

---

[68] ㈱モビリティランド「第一章」2017年5月5日アクセス
http://www.mobilityland.co.jp/sou50/ayumi/

グランプリレースの中止、オイルショックによる耐久レース撤退など、1960年代半ばから1970年代にかけて、㈱モビリティランド（以下ML）は、何度も経営危機に直面した。その度に危機を乗り越えることができたのは、時代のニーズに呼応し、**顧客参加型イベント**を企画するなど創意工夫を凝らし、新たな道を切り拓いてきたからである。1965年に開催されるはずだった第3回日本グランプリ自動車レースも、世界選手権ロードレースも鈴鹿で開催されないことになった。MLには日本のモータリゼーション発展のためにグランプリレースを育ててきたという強い自負がある。そのため他のサーキットと金銭条件で天秤にかけられることが許し難く、自ら撤退したのである。その決断は「企業は永遠である。一時の利害に迷うべきでない」という強い信念に基づいたものであった。「鈴鹿サーキット、多摩テック、朝霞テックは、単なる遊園地でもサーキットでもなく、単なる観光地でもホテルでもない。最高の創意と技術を集めた、世界に類のない夢と科学のパノラマなのだ」という言葉の通り、MLは単なるサーキットや遊園地という存在から脱皮し、変貌を遂げた。一方、カミナリ族問題が収束したこともあり、経営資源を鈴鹿に集約するという方針に基づき、1965年1月生駒テックが営業終了した。1968年、MLは社名を㈱テクニランドから㈱ホンダランドに変更した。ホンダとのつながりを明示し、より積極的な営業展開を図る。1964年にオープンした朝霞テックは、交通の利便性もよいことからファミリー層を中心に人気を集めた。夏のプール営業では鈴鹿サーキットや多摩テックを上まわる動員を記録することもあったが、1973年に営業終了した。この土地の所有者はホンダで、時代に合った新しい開発拠点、朝霞研究所が必要となったからである。1973年、産油国の原油価格引き上げで石油危機が発生（第1次オイルショック）、モータースポーツに氷河期が訪れた。レースを自粛せざるをえない状況に追い込まれ、これを乗り切るため鈴鹿サーキットはモートピアを舞台に<u>1976年「アンデルセン100年祭＆デンマークフェア」</u>を開催する。フェアは、これを契機にその後5年間にわたり、<u>ドイツ・スイス・オランダ・英国・フランス</u>とヨーロッパ各国をテーマとした春の恒例催事となった。1979年のオ

ランダフェアからは多摩テックでも同時開催されるようになった。各国から招いたアーティストや職人のパフォーマンスを軸に、園内全体をテーマ国のカラーとデザインでディスプレイし、物産販売、レストランで各国メニュー提供、民族衣装を着た従業員によるサービスが展開された。まだ海外旅行が一般的でなかった当時、フェアはヨーロッパ諸国の文化に触れる機会として人気を博した。**外国文化への憧れ**という当時の人々の心を突いた企画に魅力があった[69]。

ホンダランドは 1980 年前後から収益力向上

　ホンダランドは 1982 年になると鈴鹿サーキットと多摩テックとして知られていた。そして親会社ホンダのユニークな経営戦略の一環であった。同社はホンダグループの中でバイクや四輪車のファンを作り、育てていくソフト部門を担う。133 万平方メートルの広大な土地を活用した鈴鹿サーキットは同社の顔で、国際レーシングコース、テーマパーク（モートピア）、交通教育センター、ホテル、ゴルフコース、キャンプ場も擁するレジャーエリアである。鈴鹿はバイクと四輪車の日本のモータースポーツの中心的存在である。しかしこれだけでは営業的に成り立たず、モートピアを併設した。ここでは全て自分の手でハンドル操作やスピード調整できる乗り物ばかりであった。子供たちに車のおもしろさを教え、車になじませるためである。同社は昭和 30 年代（1955〜1965 年）すでに基本的な会社の方向づけがなされていたが、業績面では 1982 年頃ようやく収穫期を迎えた。**1970 年 2 月期に累積損失は解消**したが、その後も**施設充実のための投資負担で低収益**が続いた。それが 1978 年 2 月期からは 6%の安定配当ができるようになった。1982 年 2 月期は売上高 77 億 8,400 万円で前期比 14.8%の伸び、経常利益 7 億 6,200 万円、同 74.0%増と好調で、売上高経常利益率 9.8%と収益力が改善した。小林澄男社長は、業績急向上の最大の理由は「各部門が充

---

[69] モビリティランド「第二章」2017 年 5 月 5 日アクセス
http://www.mobilityland.co.jp/sou50/ayumi/ayumi02.html

実し相乗効果が高まってきたから」と言う。例えば、レースコースでは1980年からバイクの8時間耐久レース世界選手権を開催し、1981年からアマチュア対象に車種を問わず1リットルのガソリンでどれだけ長距離を走るかという省エネレースを始めるなど工夫を凝らして集客力を高めた。これらの客はホテルやテーマパークなどへも流れる。また、**1981年から鈴鹿、多摩テックともにアイススケートを始め「上期の利益を下期にはき出す季節変動がなくなった」**ことも大きいと小林社長は言う。こうして鈴鹿サーキットは総合レジャーエリアへと成長した。名古屋、大阪に近く、伊勢、志摩の観光地にも近距離という有利な立地にある。このためホテルや研修会場、宴会場などを拡充し、大人の客をより多く呼び込む計画も進められた。経営基盤を固め、多彩な活動を図る同社の活動は、ホンダが競争激化する自動車業界で他社と異なる経営戦略を展開する上で貴重な役割を果たすと見られていた[70]。

4. 東京ディズニーランド開業後の低迷と追加投資開始

しかし翌1983年4月、東京ディズニーランド（TDL）が開業し、たちまち大人気となった。そこからTDLに対抗するべく追加投資を開始した。

多摩テックのプール

1983年、多摩テックは毎年他のプールより約1ヶ月早く、5月22日にプール開きした。プールは直径30メートルの円型プール中心に3つで、深さは0.3〜1.2メートル、プールサイドに軽食売店3店舗、貸しボート、浮輪などもある。プールは大人600円、子供500円だが、6月25日までの1ヶ月間強はシーズン前とあって無料とした[71]。

---

[70] 1982/12/17 日経産業新聞 22 頁「本田技研のレジャー子会社ホンダランド——客増え業績向上（子会社拝見）」
[71] 1983/05/10 日経産業新聞 11 頁「多摩テック、ちょっと早めのプール開き。」

1983年、東京ディズニーランドショックと低迷開始

　1983年6月、遊園地業界にTDLショックが広がっていた。1983年前半のゴールデンウィーク前後では、関東の主要遊園地の過半で入場者が前年実績を下回り、2ケタ減少も3ヶ所を数えた。TDLの人気急上昇で、後楽園ゆうえんち担当者は「このままではかき入れ時の夏休みにも大きな影響がでる」と大型遊戯機器導入するなど**TDL対策**に必死になっていた。TDLの入場者数は1983年5月23日に100万人を突破、その後も6月2日に1日当たり入場者数で最高を記録するなど快進撃を続けていた。これに対し、後楽園ゆうえんちは「から梅雨だというので期待していたのに入場者数は前年対比でマイナス基調が続いている」と言う。東日本遊園地協会が年前半のヤマ場であるゴールデンウィーク前後15日間（4月24日〜5月8日）の主要12遊園地の入場者数を調べたところ、小山ゆうえんちの25%減を筆頭に後楽園、多摩テックなど7遊園地で入場者が前年に比べて減少、全体でも入場者数はほぼ横ばいとなった。ゴールデンウィークが完全飛び石で近距離レジャー主体となった割りにさえない結果だった。TDLはこの期間に31万3,000人を動員し、約22億円の収入をあげた。これは人数では1982年の同期間の主要遊園地合計の21%、金額で75%に相当する。この巨大な集客力に既存遊園地が客を奪われた。TDLオープンまでは、富士急ハイランドなどは「性格がかなり違うから競合は少ない」と言い、楽観視する向きが多かっただけに、この調査結果に改めてショックを受けていた。各遊園地とも年間最大の需要期である夏休みに向け、集客に力を入れはじめた。7色のプールを持つ豊島園、西武園、多摩テックなどはTDLに無いプールを武器にする。後楽園ではアニメ博、リオのカーニバルなど催し物で対抗する。富士急ハイランドはTDLには乗り物が少ないとして7月末に世界最大の宙返りコースターを設置し、集客の目玉にする。一方、TDLは当日売りを増やすなど日本の実情に合

った販売方法を急速にとり入れた。新鮮さがあるだけに当面はTDLの優位が続くのではないかと業界には苦戦を予想する向きもでていた[72]。

多摩テック、新アトラクション5億円で導入

　1984年7月、多摩テックは新アトラクションとして宇宙体験館「マッハセブン」、園内周遊列車「テックトレイン」を導入した。総投資額約5億円で、このうち「マッハセブン」は音と光と映像を使って宇宙空間をグライダーで旋回している感覚にさせる屋内の乗り物である。ジェットコースターと違い、雨天でも楽しめる。「マッハセブン」は超音速有翼機スタイルの乗り物が半径6メートル、最大バンク角40度の軌道を高速で回転し、加速、減速、遠心力によるスピード感が味わえて、万華鏡の原理を使った鏡や光線のトリックで宇宙空間を飛ぶ擬似体験ができる仕組みであった。「テックトレイン」は小さい子供も利用できるガイドレール式の周遊列車で、コースの全長1.1キロ、乗車定員36人である。多摩テックはゴーカートを中心とした遊園地だが、新機種の導入で客層拡大をめざした[73]。

鈴鹿国際フォーラム完成

　1985年9月、鈴鹿サーキット内に「鈴鹿国際フォーラム」が完成した。これは財団法人IATSS（国際交通安全学会）の国際研修施設として作られた。同社はIATSS以外にも企業の研修施設や各種シンポジウムなどの場として一般に公開する。「鈴鹿国際フォーラム」は鈴鹿サーキット内遊園地の一角にあり、鉄筋2階建て、延べ床面積1,977平方メートル、1人用個室20室、ツインルーム1室などを備えた宿泊棟、60人収容の大教室、40人収容の中教室や図書室などを

---

[72] 1983/06/15 日経産業新聞 13 頁「遊園地業界、東京ディズニーランドショックで大半前年割れ――東日本遊園地協まとめ。」
[73] 1984/07/23 日経産業新聞 16 頁「多摩テック、宇宙体験館が登場――雨天でも楽しめる乗り物。」

持つ教育棟から成る。国内の研修とともに、国際的なフォーラムに利用できるよう同時通訳の設備を備え、パブリックスペースを広くとった。隣接の鈴鹿サーキットのスポーツ、レクリエーション施設も利用できる[74]。

鈴鹿サーキットの売上が 86%、鈴鹿市との連携強化

1987 年 6 月、ホンダランド（資本金 20 億円）は社名を鈴鹿サーキットランドに変え、本社を東京から鈴鹿サーキット内に移転した。社名変更と本社移転について同社は「各種のレースで世界的に知られている鈴鹿サーキットを商号の中に使う一方、世界のレーシング都市を目指す**鈴鹿市との連携**を強めるため」と説明した。ただ東京の旧本社は引き続き企画、資金調達などの業務を行うため、東京本社として存続させ、実質的な業務面での変更はない。前 2 月期決算では**売上高 119 億 6,300 万円のうち鈴鹿サーキットの売り上げが 86%**を占めた[75]。残りの 14% が多摩テックの売上高だとすると、約 16.7 億円である。

多摩テックに四輪バギー導入

1987 年 10 月、多摩テックに四輪バギー車乗り場が設置された。バギーは砂地や凸凹の道を走るモータースポーツである。バギーのできる遊園地は珍しく、集客効果は高いと期待された。バギー乗り場は幅 10 メートル、長さ 150 メートルの大きさで、路面を凸凹にし、野性味たっぷりのコースにした。バギーはホンダ製「TRX—70」で、スクーターのようにボディーにまたがって運転する。料金は 1 人 500 円（入園料別途）で、小学 5 年生以上が対象である[76]。

---

[74] 1985/09/13 日本経済新聞　地方経済面　中部 7 頁「ホンダランド、国際フォーラム完成——三重・鈴鹿サーキット内に。」
[75] 1987/06/02 日本経済新聞　地方経済面　中部 7 頁「ホンダランド、「鈴鹿サーキットランド」に社名を変更。」
[76] 1987/10/30 日経産業新聞 4 頁「鈴鹿サーキットランド、4 輪バギー乗り場を多摩テックに新設。」

多摩テックと鈴鹿サーキットにホンダ製ゴーカート導入

　1988 年 1 月、多摩テックに新型のゴーカート車「ホットロッド」が導入された。ホットロッドは親会社のホンダが開発した。車体は全長 2.2 メートル、高さ 1.1 メートル、幅 95 センチ、排気量 242cc、最高時速 20 キロである。アクセルを踏んで加速すると車体前方が徐々に浮き上がる。ドライバーはスピードを増すにつれて空に上昇していく気分が味わえる。同社は多摩テックに続いて鈴鹿サーキットにもこのゴーカート車を導入した。1988 年 2 月にキャンペーンガールを公募し、販売促進にも力を入れ始めた[77]。

地元密着型集客戦略に転換

　多摩テックは TDL 開業で入園者数が前年比 17 万人減った 1985 年を境に、**商圏を 30 キロほどに絞り込んだ「地元密着型」集客戦略**に転換した。それまで続けてきたテレビのスポット広告を中止し、その分をタウン紙と組んだ園内イベントに振り向けた。また営業本部も都心から地元の多摩市へ移し、周辺の学校や企業に集中的にセールスするようになった。この結果、リピート客が増え、1988 年はようやく減少分が回復する見込みとなった[78]。

イベント列車「京王エクスプレス多摩テック号」

　1989 年 3 月、多摩テックは京王線新宿駅発―多摩テック行きのイベント列車「京王エクスプレス多摩テック号」を導入した。新宿駅、列車内、遊園地内で新種ゴーカートの展示をはじめ様々な催し物を行う。料金は 1 人 500 円（入園料込み）である[79]。

---

[77] 1988/01/04 日経産業新聞 4 頁「鈴鹿サーキットランド「多摩テック」に導入、"浮き上がる"ゴーカート。」
[78] 1988/06/16 日経流通新聞 4「遊園地（下）サービスの質競い合う――ハードからソフト重視へ（業界トレンド）」
[79] 1989/03/06 日経産業新聞 6 頁「イベント列車（短信）」

設備投資 34 億円、借入金 82 億円、金融収支 6 億円赤字

　1991 年 12 月、ホンダが開発したエンジン搭載の遊戯車両が多摩テックに導入された。小中学生の時にゴーカートで遊び、高校生になってホンダのバイクを購入する人が目立った。その他、8 時間耐久レースなど各種レースの開催や自動車教習所、レストラン、ゴルフ場、プール、結婚式場、ホテル、旅行代理店などの事業に経営を多角化した。ホンダグループは乗用車・二輪車事業が中心で多角化は遅れていた。グループ企業も、部品メーカーや販売会社など自動車関連が主体であった。鈴鹿サーキットランドは異色の存在であった。同社の 1991 年 3 月期の売上高は 214 億円であった。その前の期が 6 ヶ月決算のため単純比較できないが、年換算すると **11%増収、経常利益 22 億円で同 10%の増益**になった。売上高の**約 90%を鈴鹿サーキットが稼ぎ、残りの大半が多摩テック**が稼ぐ。鈴鹿サーキットの鈴木社長は「今後はレース収入だけに頼らず、ホテルやレストランなどに拡大するのが目標」と言う。客単価を引き上げることも課題であった。客単価は**平均 3,300 円**程度と低かった。TDL は客単価 1 万円程度であった（当時）。**有力なアトラクションがないため TDL に追いつくことは難しい。客単価を上げようとすると設備投資が膨らむ**。1991 年 3 月期の**設備投資は 34 億円**で、既存設備の維持・改善が中心となった。本格的な遊戯施設建設に乗り出すと 100 億円単位の資金が必要になる。遊戯施設は当たりはずれが大きくハイリスクなので巨額投資に踏み切れないでいた。株式を公開していないため、資金調達の全部を金利の高い銀行融資に頼らざるをえない。1991 年 3 月期末の**長短借入金残高は 82 億円、金融収支は 6 億円近くの赤字**となった。前期の営業利益率は 12.8%を確保したが、**経常利益率は 10.5%**と低くなった。しかし当面上場する計画はなかった。鈴木社長は「大規模な設備投資を実施する決断をし、資金需要が発生するまでは現状でいい」と言う。知名度も高く、目先の上場メリットは少ないと判断した[80]。

---

[80]　1991/12/04 日経産業新聞 25 頁「本田技研工業——鈴鹿サーキットランド、異分野開拓

本田宗一郎氏、藤澤武夫氏、逝去

　多摩テック、鈴鹿サーキットを企画立案した藤澤武夫氏は 1988 年に、本田宗一郎氏は 1991 年に病気で逝去した。両氏はこれらレジャー事業をどこまで牽引してきたのか明らかにされていない。

顧客満足度向上運動

　1992 年 5 月、鈴鹿サーキットランドは CS 課を新設し、顧客満足度（CS）向上運動を始めた。従業員を対象に接客マナー向上、運営時の安全確保などをテーマに講習会やキャンペーンなどを実施する。CS 運動では遊技施設運営時の客の安全確保を徹底する。多摩テックは客が自分で運転するカート型の遊技施設が多く、安全に施設を楽しんでもらうことが最大の CS になる。指差し確認、乗り物同士の追突防止、乱暴な運転をする客の静め方など研修を通じて指導する。また従業員の接客マナーを講習会やキャンペーンにより充実させ、管理職クラスが園内を巡回し、従業員の CS 運動の実行状況をチェックする。他社がサービスの充実に力を入れていること、同園の客はリピーターが約 6 割を占めることなどから一層の集客を図るために CS 向上が不可欠となった[81]。

手塚治虫デザインのキャラクター商品発売

　1992 年 6 月、鈴鹿サーキットランドはオリジナル商品の強化に着手した。同園の認知度を高めると共にキャラクターを浸透させ、集客増につなげたい。同年 5 月にお菓子を発売したのに続き、同園のキャラクター「コチラちゃん」のぬいぐるみや多摩テックのロゴをあしらった T シャツ、トレーナーなどの衣類を販売する。コチラちゃんは漫画家の手塚治虫氏が生前デザインしたものである[82]。

の先兵に（子会社拝見）」
[81] 1992/05/28 日経流通新聞 5 頁「鈴鹿サーキットランド、多摩テックに CS 課——接客マナーなど講習会。」
[82] 1992/06/18 日経流通新聞 5 頁「多摩テック、キャラクター使い独自商品を強化。」

2億円の新エリア導入

　1993年3月、多摩テックに新アミューズメントエリアが開業した。「サーキットプラザ」と題し、3コースで変速ギア付きの本格的なゴーカート、2人乗りのゴーカート、オフロード用のバギーなどを導入した。モータースポーツ人気に合わせ、従来のファミリー層向けに若者が楽しめる施設も加えることで年間入場者数10%増を目指す。新エリアの面積は約3,300平方メートルで、投資額は約2億円であった。新車種投入で「ゴーカート王国」を標榜する多摩テックのオリジナルのゴーカートは9車種になる。変速ギア付きのゴーカートを使う「レーシングゴーカートGX」では二車線強のコースをF1のように一斉にスタートするレースも可能である。二人乗りのゴーカートは二座席でスポーツタイプのオープンカー「ロードスター」をモデルにしている。バギーには専用のオフロード・アスレチックコースを用意し、初心者でも楽しめるようにした。全天候型のバーベキュー施設やロボットが歩いて園内を散策する「ロボウオーカー」なども新設し、年間110万人の動員を目指した[83]。

日本コースターファンクラブなど優待策

　1997年12月、各テーマパークが優待策を連携して打ち出した。特に絶叫マシン好きに「日本コースターファンクラブ」が人気であった。同クラブは多摩テック、後楽園ゆうえんち（東京都文京区）、浅草花やしき（東京都台東区）、東武動物公園（埼玉県宮代町）、としまえん（東京都練馬区）、富士急ハイランド（山梨県富士吉田市）、日本ランドHOWゆうえんち（現ぐりんぱ：静岡県裾野市）など首都圏12テーマパークが提携して1997年7月に発足した。富士急ハイランドと日本ランドを除く10テーマパークの窓口で、年会費1,000円を払えば会員になれる。会員になると加盟しているテーマパークで、その日の入園料が

---

[83]　1993/03/04 日経産業新聞16頁「鈴鹿サーキットランド、多摩テックに新施設——若者向けゴーカートも。」

無料となり、そのテーマパークのコースターが終日乗り放題となるコースターファンチケットを 1,500 円で購入できる。入場料だけで 1,500 円以上するテーマパークもあり、割安である。会員数 500 人を突破した[84]。

5．2001 年 TDS と USJ 開業で競争激化

2001 年に東京ディズニーシー（TDS）とユニバーサル・スタジオ・ジャパン（USJ）が開業した。2002 年 7 月、首都圏のテーマパークは存亡をかけた施設刷新やてこ入れに乗り出していた。従来の絶叫マシンによる集客戦略を方向転換し、温浴施設の開設など「癒やし」を前面に出すのが特徴であった。テーマパークの多くは青息吐息の経営が続き、生き残りに懸命であった[85]。

地域密着型に方向転換

2003 年 6 月、多摩テックは手軽に利用できるキャンプ場などで、子供が行きたがる施設を目指す。この頃、老舗テーマパークの人気がゆっくり回復していた。TDR や USJ との差別化でなごみ系の乗り物や温泉施設を導入して**地域密着、地元住民重視**にした。その成果が出たのか、多摩テックは 2002 年、入場者数 115 万人、前年比 11.7%増となった[86]。

年間パスポートの入会金廃止

2003 年 7 月、多摩テックは家族会員の年間フリーパスポートの入会料 5,000 円（税込）を廃止した。4 人家族の場合、年会費 3 万 1,000 円（同）で園内の乗り物とプールを何度でも利用できる[87]。

---

[84] 1997/12/22 日本経済新聞　朝刊 47 頁「遊園地で安上がりに冬休み——クレジットカード、優待見逃すな（月曜版）」

[85] 2002/07/13 日本経済新聞　地方経済面 神奈川 26 頁「遊園地「脱・絶叫マシン」——閉鎖相次ぐ中生き残り策（首都圏リポート）」

[86] 2003/06/20 日本経済新聞　地方経済面 埼玉 40 頁「老舗遊園地、じわり人気回復——なごみ系乗り物、温泉併設し地元重視。」

[87] 2003/07/18 日経産業新聞 23 頁「遊園地・テーマパーク、割安感打ち出す、夏休みに向

ホンダによる完全子会社化

　2005 年 12 月、親会社ホンダの子会社となった。ホンダは子会社、鈴鹿サーキットランド（三重県鈴鹿市）、ツインリンクもてぎ（東京都中央区）の 2 社を 2006 年 6 月に合併させると発表した。運営体制を効率化し、モータースポーツを通じたホンダブランドの一層の強化につなげる。ホンダは 85%出資する鈴鹿サーキットを 2006 年 3 月に完全子会社化（出資比率 100%）したうえで、全額出資子会社のツインリンクと 6 月に合併させる。新会社の社名は㈱モビリティランドである。2005 年 3 月期の合計売上高は272 億円であった[88]。

6．多摩テック閉園

多摩テック閉園発表

　2009 年 2 月、㈱モビリティランドは多摩テックを 9 月末で閉鎖すると発表した。入場者減少が続き、約 2 年前から営業を続けるか検討していた。リーマンショック後の世界的な景気後退で、ホンダ本体の業績が悪化していることも閉鎖の一因とみられた。多摩テックの入場者はピークだった 2002 年度には 100 万人を超えたが、2007 年度は 62 万人に落ち込んだ。多摩テックはバイクや自動車の普及や、操る楽しさを広めようとしたが、こうした活動の主軸は鈴鹿サーキットやツインリンクもてぎに移った。㈱モビリティランドは「多摩テックは開業当初の目的を達成した」と説明した[89]。

閉園前ファイナルイベント

　2009 年 7 月、多摩テックは 9 月末の閉園に向け、様々なファイナルイベントを開いた。懐かしい 1～2 人乗りゴーカートを復元したり、小型バイク「モンキ

け競争激化。」

[88] 2005/12/20 日経産業新聞 15 頁「ホンダが来年 6 月、サーキット 2 社合併、運営を効率化。」

[89] 2009/02/07 日本経済新聞　夕刊 7 頁「多摩テック 9 月末閉鎖、ホンダ子会社、車の遊園地、入場者減。」

ー」のクラシックタイプを一堂に集めたりした。プールでは巨大な水鉄砲を使った「水びたし」作戦を展開した。1回に30リットルを噴出し50メートル先まで水を飛ばせる「バズーカ砲」を使う。温泉は地元の特別養護老人ホーム「あすなろ」に出張サービスした。1961年開園当初、モーターバイクの教習所とモトクロスレース場を兼ね備えていた。「4Dモーションシアター」では開園当初のスポーツイベントや昔のアトラクションの動画などを紹介する。遊具では「でんでんむし」などモノレール型の乗り物の色を初代と同じに塗り替えた。鈴鹿8時間耐久ロードレースの模様を縦3.2メートル、横2.4メートルのLEDディスプレーで生中継した[90]。

閉園記念モノレール

2009年9月、多摩テックの閉園を記念したモノレールの運行を始めた。同園のロゴが入ったヘッドマーク付きの車両を9月末の閉園まで約1ヶ月間運行する。モノレールは上北台と多摩センター間を1日数回往復する。多摩都市モノレールはこれまでも1日乗車券と多摩テックの入場券をセット販売するなど集客面で連携してきたが、同園を記念した車両の運行は初めてであった。多摩テックは8月の来場者数が前年同月から大きく増えた[91]。

閉園バブルで3倍の入場者数

多摩テックでは、2009年9月に入場者数が例年の約3倍になった。担当者は「人気アトラクションは3時間半程度待つかも」「いつもこのくらい来てくれれば閉園にならない」と言うほど盛況だった[92]。

---

[90] 2009/07/15 日本経済新聞　地方経済面　埼玉 40 頁「ゴーカート復元・巨大な水鉄砲、多摩テックが閉園イベント。」
[91] 2009/09/02 日本経済新聞　地方経済面　東京 15 頁「「多摩テック」、閉園記念の列車を運行、多摩都市モノレール。」
[92] 2009/09/19 日本経済新聞　夕刊 7 頁「秋の行楽いざ SW——観光地や旅行業界、「特需期待」沸く。」

敗因は自動車を楽しむ特徴埋没：10 年連続赤字

　リーマンショック後の 2009 年、ホテルやレジャー施設、文化施設の閉鎖が相次いだ。消費不振だけが原因ではない。消費者の嗜好の多様化、少子化に伴う市場の伸び悩み、新たに登場した施設との競合などである。多摩テックはその一例となった。多摩テックは 1961 年開業で半世紀の間に約 3,000 万人（年間 60 万人平均）を集めた。入場者数がピークを記録したのは 2003 年 3 月期であった。併設した<u>天然温泉施設「クア・ガーデン」の利用者数が全体を大きく押し上げ、103 万人</u>を集めた。しかし 2009 年 3 月期には 66 万人にまで急減し、**営業損益は 10 年間赤字**が続いた。㈱モビリティランドは方向性がぶれ、強みをうまく打ち出せなかったことが入場者減少の一因と分析する。TDL 開業の 1983 年代以降、テーマパークの乱立に対抗するようにジェットコースターなどを採り入れた。それが「自動車のテーマパーク」という特徴を曇らせ、他のレジャー施設との競合の中で埋没した。2000 年には自分で組み立てて試乗するゴーカート、3 歳児が乗れるバイクなどを導入し原点回帰を図った。しかし少子化やレジャーの多様化で入場者の減少に歯止めをかけられなかった。営業終了を発表した後、入場者が急増し、8 月は前年同月比 7 割増の約 14 万人が訪れた。その 4 割は初入場だった[93]。

閉園要因分析

　2009 年 9 月 30 日、多摩テックは閉園した。多摩テックは 2001 年から 2003 年までは年 100 万人を超す入園者を集めた。しかしその後は下り坂で 2008 年度は 60 万人台まで落ち、赤字続きであった。TDR の存在が大きかったと㈱モビリティランド広報、宣伝販促課の村越双樹氏は言う。開業 25 周年の TDL 人気が続く中、多摩テックは<u>TDL 開園以降、毎年のように新アトラクションを導</u>

---

[93] 2009/09/25 日経 MJ（流通新聞）11 頁「レジャー施設、閉鎖相次ぐ、鮮度保てず、客足遠のく——遊園地、多摩テック。」

入してきたが、集客力は低迷を続けた。多摩地区の少子化も追い打ちをかけた。東京市町村自治調査会は多摩地区の人口は 2025 年までは増加するが、年少人口（0～14 歳）は 2000 年から 2030 年までに 13%減少すると予想する。高齢者人口は急増するが、年少人口は伸び悩む。多摩テックの主力ファンは、幼少時代に入園した経験を持つ団塊の世代であった。閉園を前に園内のメモリアルストリートには「30 年ぶりに息子たちと来た」「三世代 7 人でやってきた」など熱いメッセージが集まった。車や欧米風の生活に憧れた団塊の世代にとって夢を満たす場だった。しかし時代は変わり、自動車離れする若い世代は強い味方にならなかった。車離れという意識の変化への対処は難しかった[94]。

7．発見事項と考察

　本章ではホンダの鈴鹿サーキットと多摩テックはどのようにプロデュースされ、現在に至るのか考察し、次の点を発見した。

　第 1 に、本田宗一郎氏がレース、モータースポーツを通じて日本の自動車の技術力向上を目指し、その場所として鈴鹿サーキットを作った。レースはたまにしか無いためモートピア（テーマパーク）、温泉施設、ホテル、ゴルフ場などを併設した。多摩テックは、藤澤武夫氏の子供の時から運転の楽しさを知ってもらい一生バイク、車好きでいてもらうというアイディアで作られた。しかし㈱モビリティランドの売上高の約 9 割が鈴鹿サーキット、約 1 割が多摩テックだったことが判明した。

　第 2 に、多摩テックは TDL ショック（1983 年）を受け、各種アトラクションを追加したため、他のテーマパークと差別化できなくなっていった。東京都内にあるため TDL とほぼ同じ商圏となる。

---

[94] 2009/10/02 日本経済新聞　地方経済面　東京 15 頁「多摩テック、半世紀の歴史に幕（日野市）――少子化.車離れが直撃（多摩の断面）」

第3に、**ホンダは連結売上高約15兆円、オリエンタルランドは連結売上高4,000億円台**である。ホンダ本体が追加投資すればもっと豪華でハイスペックなアトラクションを大量に導入できたはずである。藤澤氏は1988年に死去し（享年78歳）、その後、藤沢氏の意志を受け継ぎ、権限移譲された人がいなかったと推測できる。

　第4に、本田宗一郎氏と藤澤武夫氏の関係性は、ウォルト・ディズニーと共同経営者の兄ロイ・ディズニーの関係によく似ていて、共通点が多いことが判明した。本田氏はウォルト・ディズニーと同じくらい情熱的で燃える闘志の持ち主だと分かった。どの分野でもこれくらい強い情熱が生涯に渡って持続すれば成功するのではないか。本田氏、ウォルト・ディズニーともに世界最高水準を目指し、従業員にもそれを要求、仕事の鬼で仕事中毒、仕事能力の高いビジネスパートナー（藤澤氏または兄）に恵まれた点が共通している。両氏ともに明治30年代生まれ、貧しい家庭出身、中学卒業という不利な学歴の中、裸一貫から這い上がってきて頂点を極めた点が類似している。両氏は関心事が異なるだけで、同じ時代を駆け抜けたパワフルなビジネスリーダーである。

8．まとめ

　多摩テック閉園のニュースが報道された際、急にいつもの3倍の客が押し寄せた。担当者は取材に対し「いつもこれだけ来れば閉園にならない」と言った。換言すると、**営業継続に必要な客数の3分の1程度**しか集客できなかったことが分かった。多摩テック閉園の要因は、車離れよりもゴーカートの陳腐化ではないだろうか。1990年代になるとゲームセンターの自動車のシミュレーターが豪華になり、1回1,000円くらいとなった。

　ホンダへの**政策提言**として次のことが言える。

　第1に、ホンダ本体は売上高約15兆円、オリエンタルランドは4,000億円台である。ホンダ本体が一基20〜30億円のジェットコースターを2〜5年に1回のペースで4〜5基導入し、その都度大々的な広告を打てば、富士急ハイランド

表 1：ウォルト・ディズニーと本田宗一郎の人物比較

ウォルト・ディズニー		本田宗一郎
1901（明治 34）年	生年	1906（明治 39）年
中学卒業（高校中退）	学歴	中学卒業（尋常高等小学校卒）
アニメーター、プロデューサー、経営者	職業	バイク・自動車開発者、技術者、経営者
ディズニー・スタジオ	社名	本田技研工業（ホンダ）
ロイ・ディズニー（兄）	パートナー	藤澤武夫氏
アニメ映画からテーマパーク事業に参入	多角化	走行場所提供のために鈴鹿サーキット設立

のようになれたはずである。富士急ハイランド[95]で「4 大コースター」としてギネスブックに登録されている「FUJIYAMA」「ド・ドドンパ」「エエジャナイカ」「高飛車」というジェットコースターは、世界のジェットコースターファンに有名で集客力が高い。病院のお化け屋敷「戦慄迷宮[96]」は所要時間 50 分と大規模である。「ド・ドドンパ」のみ KDDI がスポンサーで、目立つ位置に「au」と書かれている。スポンサー企業を募り、アトラクションの費用を負担してもらうことも人気テーマパークならば可能である。

　第 2 に、世界的な人気と知名度誇る自動車会社のテーマパークに「フェラーリ・ワールド・アブダビ[97]」がある。ここの「フェラーリ博物館」には初期からの自動車やエンジンなどの展示物が並ぶ。「フォーミュラ・ロッサ」という時速239 キロで走る世界最高速ジェットコースターがある。筆者はここに 2015 年 1

---

[95] 富士急ハイランド「アトラクション」2020 年 9 月 19 日アクセス
https://www.fujiq.jp/attraction/?category-area=highland
[96] 富士急ハイランド「絶凶・戦慄迷宮」2020 年 9 月 19 日アクセス
https://www.fujiq.jp/attraction/senritsu.html
[97] FERRARI WORLD Abu Dhabi, 'RIDES AND ATTRACTIONS' 2020 年 9 月 19 日アクセス　https://www.ferrariworldabudhabi.com/en/rides

月に訪れ、大人の男性客の多さに驚いた。ホンダなら昔のバイク・車を時系列に展示し技術面の説明をする「ホンダ博物館」とスポーツカー型のジェットコースターを作ればバイク・車好きの男性客を呼べただろう。ディズニーファンの女性を呼ぼうとすると、メルヘンで可愛い世界観にする必要がある。それではホンダの世界観とマッチしない。

　企画立案したプロデューサーたち（本田氏・藤澤氏）には権力も信用力も資金力もあったが、その後、権限移譲がうまくいかなかったと思われる。または社内に誰も多摩テックに 100 億円単位で追加投資しようとする人がいなかったと推測できる。

　それ以前に、ホンダにはテーマパーク好きがほぼいないと思われる。筆者はこのたび初めてじっくりホンダのホームページを見た。そして気づいた。ホンダのホームページは、クリックしてもクリックしても次々にバイクと車の写真が出てくる。それに比べて、多摩テックの写真や説明は少ない。よほどバイクと車が好きなようだ。

　ホンダのホームーページを見れば見るほど、本田氏はじめ、ホンダ社員のバイクと車にかける燃える情熱が伝わってくる。そして本田氏を見れば見るほど、ウォルト・ディズニーに似ていると感じる。ウォルト・ディズニーはこのくらい情熱的で燃える闘志を持っていた。それに比べて、多摩テックへの情熱はほぼ感じられない。約 15 兆円の売上があるのに多摩テックに大型ジェットコースター等を導入しなかった。資金力よりもテーマパーク事業への情熱的な取り組みが必要だと分かるケースとなった。

　本章の限界は、本田氏、藤澤氏がどこまでプロデュース業務（企画立案、資金調達、人材獲得、人材育成、人事管理、予算配分、制作指揮、広告、広報、営業等）を行い、どこまで従業員に任せたのか不明なことである。ここまでしか分からなかった。

終章

　本書では、テーマパーク事業におけるプロデューサーの仕事内容の解明を試みた。研究方法は複数のプロデューサーへのインタビュー調査と文献研究である。文献とは、書籍、白書、ビジネス雑誌、新聞、Web 上の記事等である。

　テーマパークのプロデューサーは憧れの仕事であるものの、どのような人がどうやって就くのか、謎のベールに包まれていた。本書ではここまで解明できた。しかしまだまだ不明な点が多い。今後の研究課題はより多くのプロデューサーを発掘し、インタビュー調査し、本書の第二弾、第三弾と続けることである。

　プロデューサーが謎のベールに包まれている理由の一つは、**社外秘**の多さである。どのプロデューサーも「それはクライアントとの契約で言えないんです」「それは社外秘なんです」「それは公表してないんです」と筆者に言った。実は本書に書けなかったことが非常に多い。

　それ以前に、筆者はメディアに出てくるプロデューサーしか知ることができない。筆者は今回インタビューした全てのプロデューサーをテレビやビジネス雑誌で見て知った。メディアに出ないが有能なプロデューサーを筆者は知ることができない。是非ともメディア取材を依頼されたら受けてほしい。または現代らしく SNS をバズらせ注目されてほしい。そして是非とも筆者の取材に答えていただきたい。

　本書では、各プロデューサーがどのような経緯でプロデューサーになり、どのような仕事をしているかを明らかにした。プロデューサーは、大きく分けて 2 種類いる。①別の仕事で成功して会社を大きくし、資金力や権力を持つようになり、多くの従業員を率いて、有利な条件のもとプロデュース業に参入した。本業では下積みをしている。②最初からプロデューサーを目指し、下積み期間を経て独立、または大きな組織で出世してプロデューサーになった。どちらにせよ、長い下積み期間に苦労してきた。この点を強調したい。楽にプロデューサーになる方法はない。以下に本書で取り上げたプロデューサーをまとめる。

三鷹の森ジブリ美術館の宮崎駿監督

　ジブリ美術館は、スタジオジブリの宮崎駿監督が企画立案し、東京都や三鷹市と交渉し、計画を練り、徳間書店と共同で財団法人として設立した。コンテンツはジブリ映画である。宮崎監督はジブリ美術館のプロデューサーと名乗っていないが、プロデュース業を行った。アニメーターとしての成功による知名度、信用力、資金力があってこそプロデュース業に参入できた。

USJ の津野庄一郎氏

　津野氏は 29 歳で USJ 開園直前の 2001 年に火薬担当として入社した。そこでアメリカ人上司の勧めでイベントプロデューサーに立候補した。積極的な行動でつかみ取った。特にハロウィンのホラーナイトを成功させ、大きく集客力を上げ、認められる存在となった。津野氏は現場叩き上げである。2000 年代後半から USJ は好調となり、会社は急成長、急拡大を遂げた。2010 年代にハロウィンシーズンの USJ は東京ディズニーシーを入場者数で抜くという快挙を達成した。このハロウィンイベントをプロデュースしたのが津野氏である。

湯〜園地の別府市・長野市長

　別府市全体の成長戦略の一部が遊べる温泉遊園地「湯〜園地」で、長野市長が陣頭指揮を採った。地方の名士から動画制作プロデューサーの清川氏を紹介され、「何かやってくれる人」だと直感し、別府市を盛り上げるイベントのプロデュースを依頼した。市長が湯〜園地計画を発表し、「動画再生 100 万回を突破したら実行します」と公約を掲げると、Yahoo!のトップページに載り、3 日で100 万回を達成した。話題が話題を呼び、大きく報道された。イベント開催の 3日間、市長はマスコミ露出によりキャラクター化し、記念撮影や握手を求められることとなった。テーマパーク業界で言うキャラクター・グリーティングである。市長はプロデューサーと名乗っていないが、企画立案、人材獲得、陣頭指揮、

広報などを行ったので、事実上のプロデューサーであった。別府市に賑わい、活気、集客をもたらす画期的な地域振興プロジェクトとなった。

湯〜園地の動画制作、総合演出の清川進也氏

　清川氏の本業は音楽作家（作詞家・作曲家）である。湯〜園地の1年前、大分県の地域振興動画「シンフロ」を制作し、評価され、大分県に人脈ができた。別府市長から湯〜園地プロジェクトの依頼を受け、動画制作プロデューサーで総合演出としてアトラクション開発等を行った。低予算で地域のボランティアの人たちと連携しながら動画制作、アトラクション開発を行った。1,200人のボランティアがアトラクションそのものになるというアイディアは、低予算で成功させる画期的なアイディアであった。低予算で小型のテーマパークを魅力的に見せ、集客するという難題に挑み、大きな広報効果を得た。地域振興のモデルケースとなった。

お化け屋敷プロデューサーの五味弘文氏

　五味氏は大学時代に劇団で演出家をしながら、イベントのアルバイトをしていた。そのアルバイトで、最初は肉体労働のみ求められたが、後に企画や集客などの仕事をさせてもらうようになった。1992年に後楽園遊園地（現・東京ドームシティ　アトラクションズ）のお化け屋敷をプロデュースして成功させた。そこから途切れずお化け屋敷プロデュースの依頼が来るようになった。師匠や先生はおらず、独学で始めた。五味氏はビジネスマンとして営業や広告などを担わず、お化け屋敷の制作のみ<u>請負契約</u>という形をとっている。五味氏は、テーマパークの一アトラクションとしてのお化け屋敷のみならず、お化け屋敷単体の<u>興行</u>も行っている。五味氏はテーマパーク全体の運営に関わらないことで、お化け屋敷の制作、運営に集中して陣頭指揮をとり成功していると考えている。

ホラーアトラクション・プロデューサーのマイケルティー・ヤマグチ氏

ヤマグチ氏は地元の長崎市の商業施設でマジシャンと組んでお化け屋敷を制作して好評を博し、シリーズ化された。これがお化け屋敷制作のプロとしての商業デビューになった。営業しなくても会社ホームページのお問い合わせに仕事依頼が来る。色々な人がSNSに載せたくなるような仕掛けづくりにより広告費をあまりかけずに高集客を可能にしている。会社組織にし、全ての仕事を社内の人材で行えるようにした。前作までに使用した人形や衣装を使うことでコストカットし、ハイクオリティを実現できるので、低予算でお願いしたいというクライアントの要望にできるだけ応えている。寂れた商店街などの活性化のため、空き店舗でお化け屋敷を実施するなど、地域振興も担っている。

キャラクター労働者の運用と労働問題

オリエンタルランドでキャラクター出演者の労働問題が起こった。ヤマグチ氏は経営者として、プロデューサーとして、キャラクター出演者を雇用する立場にあるのでお聞きした。ディズニーのキャラクター衣装は連続着用するには重すぎて、その割に休憩時間は短い。ヤマグチ氏の会社のキャラクター衣装は、見た目は重そうに、実際は軽く涼しく作られている。ヤマグチ氏はキャラクター出演者を勤めたことがあるため、出演者の苦労が分かる。客によってはキャラクターを叩くことでコミュニケーションを取ろうとするようで、キャラクターは客から叩かれるなどの暴力を受ける。これを上手にかわす能力が必要である。同氏は「キャラクター出演者は接客業でサービス業」という。同氏の会社では暴力を防ぐため、ホームページ、チケット、入口でキャラクターへの暴力が無いよう客に呼びかけるなど、防止策を万全に実施している。

新横浜ラーメン博物館の岩岡洋志氏

新横浜が地元の岩岡氏は、新横浜がオフィスビル街として平日のみサラリーマンで賑わうものの、休日は人がほとんどいないことを憂い、地域活性化のため

賑わいを作り出そうとラーメン博物館を企画した。当初このコンセプトを理解できる人がいなかったため、出店誘致は困難であった。開業後は大盛況となった。岩岡氏が「マスコミのおかげで成功しました」というほど広報に成功した。多数の誘致やコンサル依頼を辞退して、新横浜での事業に集中している。ラーメンの通信販売で海外進出したいと考えているものの、飲食の販売は国による規制が大きくて難しい。横浜市長が上海市で「横浜を代表する観光施設」として同館を紹介し、観光誘致するほどの存在になった。当初の地域活性化に貢献したいという目的を達成した。

ナムコのフードテーマパーク・プロデュース事業

　ナムコは池袋のテーマパーク「ナムコ・ナンジャタウン」内に「池袋餃子スタジアム」というフードテーマパークを成功させた。そこから自社での展開に加えて、「チームナンジャ」というフードテーマパーク・プロデュース事業の組織を立ち上げた。これにより全国でフードテーマパークブームが起こった。フードテーマパークの特徴は、客は大して空腹でないのに並んでまで入りたがり、多くの客が「食べた」ことで満足せず、「食べられなかった」ことを悔しがることにある。全店を制覇したい欲求が、需要が無い（空腹でない）のに購買を喚起させる。内装の演出は、子会社の日活の映画セット制作スタッフが制作するなど、社内の資源を活かした事業となった。

ホンダのレジャー事業と本田宗一郎氏・藤澤武夫氏

　本田宗一郎氏はバイクや車の走行場所の提供として鈴鹿サーキットを企画した。藤澤武夫氏は子供の頃からバイクや車を運転する楽しみを覚えてもらい一生バイク・車好きでいてもらおうと多摩テックを企画した。両氏はホンダの社長と副社長という肩書で、プロデューサーと名乗っていなかったが、企画立案、資金調達、人材獲得などを担ったはずなのでプロデューサーといえる。レジャー事業を担当する子会社の売上高の内訳は、9割が鈴鹿サーキット、1割が多摩テッ

クという事態に陥った。鈴鹿サーキットは「世界の鈴鹿」と言われるまでに成長した。しかし多摩テックは 1983 年の東京ディズニーランド開業から苦境に陥り、リーマンショック後、2009 年に閉園となった。高度成長期の子供に運転の楽しみを提供し、一生バイク・車好きでいてもらう役割は果たした。

楽しそうに見えるが苦労の多い仕事

エンターテイメントを仕事にすると、仕事なのに楽しいように見えるらしい。しかしそんなことはないと本書で分かる。プロデューサーは苦労の連続だと分かる。それでも本書では、成功した人のみ出てくるので、苦労しながらも事業としては成功し、職業と言える収入を得ている。しかしプロデューサーは、頑張れば誰でも成功する仕事ではない。

甘い考えで参入し、20 代を費やしてはいけない。プロデューサーとしてものにならず、一般の職に転職するとしたら、雇う方にとって無資格・未経験者を雇うなら24〜25 歳までが多い。目指したけれど通用しなくて辞めるなら、24〜25歳までであきらめよう。26 歳になると急に有資格者・経験者を採用する企業が多くなる。

終身雇用崩壊と独自のスキル形成の重要性

しかしながら、終身雇用が崩れた今、みんな何か専門性を身につける必要がある。会社に定年までぶら下がることはできない。1990 年代まででは、就職するとは、「従業員は会社に人生を捧げる、他のことは犠牲にする」、そのかわり「会社が生活を保証してくれる」ことであった。「社畜」という言葉も生まれた。ところが 2001 年 4 月にほとんどの業種で労働者派遣法が解禁され、会社は変わった。会社は派遣社員を多用することで人件費を下げ、利益を上げるようになった。それ以外にも、契約社員、臨時社員、嘱託社員など様々な名前の非正規雇用が増加した。新卒採用で誰もが羨む会社の正社員になった人でも、辞めてしまえばどうなるか分からない。

2019年にトヨタ自動車の豊田社長や経団連の会長が「もう終身雇用を維持できない」と発言し、大々的に報じられた。トヨタ自動車や経団連に所属するほどの大企業でも終身雇用を維持できない時代に突入したのである。「会社あってこその私」「会社とともに生きる人生」は過去のものである。

　本書のプロデューサーたちは、自身が経営者か、従業員の立場であっても社内で専門性を身につけ、他社の事業のプロデュースをできるようになっている。

メンバーシップ型雇用からジョブ型雇用への変化

　さらに、2020年の新型コロナウィルス流行による在宅勤務で日本の**働き方改革**は進んだ。多くの企業で在宅でも仕事が可能だと気づいたのである。今までの日本企業は「メンバーシップ型」、欧米型の働き方は「ジョブ型」である。今後日本でも欧米のジョブ型雇用が増えると見られている。

　欧米のジョブ型雇用とは、仕事に人を付けるのである。専門性を身に着け、転職で給料を上げていく。その会社にその仕事が無くなったら解雇されるか、自発的に辞め、転職する。業種によっては独立開業できる。年齢が上がると給料が上がる「年齢給」、勤続年数が上がると給料が上がる「勤続給」は無い。企業は「成果物」にお金を払う。

　日本のメンバーシップ型雇用とは、人に仕事を付けるのである。社内の人事異動により色々な仕事を経験し、その会社全体のことが分かるようになる。しかしその会社でしか通用しない人材になることが多く、転職市場で不利である。定時に出勤し、定時までは職場にいることに給料が払われる。新卒一括採用でその会社の従業員にふさわしい考え方や行動様式を身につける。これを**社会化**と言う。年齢が上がると給料が上がる「年齢給」、勤続年数が上がると給料が上がる「勤続給」がある。日本の会社では「〇〇歳の人だから月給〇〇万円は払わないといけない」「△△歳の人に△△万円を払わないのはおかしい」という言い方をする。学歴（高卒・短大卒・大卒・大学院卒）と年齢による給料の相場がある。本人の

やる気、能力、責任に関係なく、「当社給与規定により」と書かれたその会社基準の給料が支払われる。

ジョブ型雇用や在宅勤務では、成果物に給料が支払われる。とりあえず出勤してダラダラしている、おしゃべりしている、仕事をしているように見せかけているなどは通用しなくなる。雇用者にとってはいい傾向と言える。

景気循環：数年に一度は不況が来る

コロナと関係なく、経済は好況と不況を繰り返す。好況の次に必ず不況が来る。不況の次に必ず好況が来る。好況と不況を繰り返すことを経済学で「景気循環」「景気動向」または「景気波動」という。

このたびコロナで不況が来ている。テーマパークは苦しい状況に追い込まれている。しかし考えてみてほしい。前回までの不況時はどう乗り越えたのか。

ここ50年間の不況はこのようになっている。1973年、第一次オイルショック（中東発）、1979年、第二次オイルショック（イラン発）、1985年、円高不況、1991年、バブル崩壊、1997年、アジア金融通貨危機（タイ発）、2001年、ITバブル崩壊（アメリカ発）、2008年、リーマンショック（アメリカ発）、2011年、東日本大震災、2020年、コロナショックである。数年に一度のペースで好況と不況を繰り返している。

統計的なデータはないが、筆者の知る限り、不況に強い企業体質か否かは設立時期による。日本企業の場合、バブル崩壊後に設立され、不況しか知らない企業は不況でも利益が出るようにビジネスモデルが構築されている。バブル前に設立された企業は、バブル前に構築されたビジネスモデルのため、コスト高で不況に弱い傾向にある。筆者の友人にこう言われてこれに気づいたのである。外部環境が良好ならば幸運に感謝し、外部環境が過酷ならば能力を上げるチャンスと思いたい。

表 1：過去 50 年間の日本の不況と原因

年	不況の原因	発生国
1973	第一次オイルショック	第四次中東戦争(エジプト、シリア、イスラエル)
1979	第二次オイルショック	イラン（イスラム革命）
1985	円高不況	アメリカ（プラザ合意）
1991	バブル崩壊	日本
1997	アジア金融通貨危機	タイ（バーツ暴落）
2001	IT バブル崩壊	アメリカ
2008	リーマンショック	アメリカ
2011	東日本大震災	日本
2020	コロナショック	中国

コロナで自粛させられエンターテイメントが恋しい消費者

　2020 年 2 月頃から日本は新型コロナウィルスに襲われ、感染防止のため外出自粛要請が出て、世界中の人がつまらない毎日を送っている。消費者の立場ではつまらなく、テーマパーク事業者にとっては非常に辛い事態である。経済産業省は予算をとって「Go To トラベル」「Go To イート」「Go To イベント」を実施し、経済のカンフル剤にしようとしている。

　その成果か、2020 年 9 月 19 日(土)から 22 日(火)の 4 連休となったシルバーウィークで USJ が大混雑となった。特に 4 連休の 2 日目と 3 日目は USJ 史上最高の混雑具合になったと言われている。その日は午前 11 時に入場制限がかかり、その長蛇の列がヘリコプターで上空から報道されるほど混んだのである。

　USJ 以外にも、9 月のシルバーウィークは全国の観光地に観光客が殺到し、大混雑となった。いかに消費者が観光やレジャーに飢えていたか分かる。テーマパークファンはテーマパークに行きたくてウズウズしている。コロナが収束したら我慢していた分、テーマパークに客が殺到すると予想できる。

プロデューサーの共通点

　最後に、筆者が感じたプロデューサーの共通点を述べる。筆者がお会いしていないプロデューサーであっても読んでいると人柄や考え方がある程度伝わってくるので、共通点として挙げる。

① **下積み**を経て現職：下積みが長い。苦労したことを売りにしていない。成功してからメディアに出るようになったため苦労していないように見える。本田宗一郎氏は自動車業界で下積みが長く、組織力と資金力を活かして多角化した。ウォルト・ディズニーもアニメーターとして売れない時代が長く、貧乏で苦労した。40代でディズニーランドを思い立って創設した。

② **新規開拓**：既存のことをするのではなく、新規性、独自性、独創性が強い。人の真似をしないし、したくない。しかし真似されることは多々ある。

③ **仕事熱心**：勤務時間に関係なく、非常に熱心に仕事をしている。仕事時間外も仕事のことばかり考えている。ウォルト・ディズニーも仕事中毒だった。どの世界でも成功者の特徴は仕事熱心なことである。この要素のない人が成功することはないだろう。

④ 適材適所の**分業体制**：**自己分析**できており得意なことに集中し、苦手なことは外注、または得意な人を雇用する。ただし自身は一種類の能力だけで勝負しているわけではない。特殊能力を活かす仕事とはいえ、一種類の能力だけでは勝負できない。

⑤ **人脈戦**：　既存の人間関係を温めて仕事につなげる。人脈戦で仕事が来る。人脈構築は仕事能力の一部。行動派。知らない人にも積極的に関わる。

⑥ 輝いていて楽しそう：苦労を苦労と思わない、または苦労していることは言わない。そのため仕事なのに楽しそうに見える。

⑦ 安定を蹴る生き様：人生観・職業観が安定志向や大企業志向・公務員志向ではない。おそらく不安定な中、下から這い上がることに燃える性格。彼らを見ていると、筆者ももっと研究を頑張ろうと燃えてくる。

著者紹介

中島　恵（なかじま　めぐみ）

東京経営短期大学　総合経営学部　専門講師

学位：修士（経営学）
専門：経営学、経営戦略論、テーマパーク経営論、レジャー産業論
略歴：
明治大学大学院経営学研究科博士前期課程修了
明治大学大学院経営学研究科博士後期課程単位取得満期退学
明治大学経営学部専任助手
星稜女子短期大学（現・金沢星稜大学）経営実務科専任講師
大阪観光大学観光学部専任講師を経て現職

主要業績：
中島　恵（2011）『テーマパーク産業論』三恵社
中島　恵（2012）『テーマパーク産業の形成と発展　―企業のテーマパーク事業多角化の経営学的研究―』三恵社
中島　恵（2013）『テーマパークの施設経営』三恵社
中島　恵（2013）『テーマパーク経営論　―映画会社の多角化編―』三恵社
中島　恵（2013）『東京ディズニーリゾートの経営戦略』三恵社
中島　恵（2014）『ディズニーランドの国際展開戦略』三恵社
中島　恵（2014）『ユニバーサル・スタジオの国際展開戦略』三恵社
中島　恵（2016）『観光ビジネス』三恵社
中島　恵（2017）『ディズニーの労働問題　―「夢と魔法の王国」の光と影―』三恵社
中島　恵（2017）『なぜ日本だけディズニーランドとUSJが「大」成功したのか？』三恵社
ブログ：テーマパーク経営研究室　中島　恵ゼミナール
　　　　http://ameblo.jp/nakajima-themepark-labo

テーマパーク事業論　―プロデューサーの仕事内容―

2021年7月2日　　初版発行

著　者　**中島　恵**
Nakajima, Megumi

発行所　　株式会社　三恵社
〒462-0056 愛知県名古屋市北区中丸町2-24-1
TEL 052 (915) 5211
FAX 052 (915) 5019
URL http://www.sankeisha.com